지장보살본원경

지장보살본원경

流通傳閱功德不可思議

유포하여 이웃에게 전하고 읽게 하는 공덕은 불가사의하다

도서출판 안심

발간사

세상에는 성불할 수 없는 존재가 두 가지가 있다고 하셨습니다. 일천제(一闡提)라고 하는 존재인데, 하나는 죄업이 무겁고, 본디 해탈의 소인을 갖지 못하여 부처가 될 수 없는 자이고, 또 하나는 중생을 제도하기 위하여 일부러 열반의 깨달음에 들지 아니한 보살이 계시니 바로 지장보살님입니다.

지장보살님은 일천제보살, 즉 성불하지 못하시는 보살님이십니다. 바로 우리 중생들을 모두 구원하신 뒤에 성불하시기로 원을 세우셨기 때문입니다. 지장보살님께서는 서원을 세우시기를 "내가 고통받는 모든 중생들을 남김없이 제도하여 마친 후에야 부처를 이루리라."고 하셨습니다. 지장보살님의 자비심을 표현한 글 가운데 '지옥의 문 앞에서 눈물 마를 날이 없다(地獄門前淚不收)'라는 글이 있기도 합니다.

지장보살님께서는 한 생애만을 그렇게 자비를 베푸신 것이 아니라 다겁을 두고 부처님께 발원하기를 거듭했습니다.

세상에서는 흔히들 지장보살님은 이 세상을 살다 목숨을 바친 영가들만을 고통에서 건져 주시는 보살님이라고 믿고 있는 이들이 많습니다. 그러나 지장보살님은 살아있는 모든 중생들을 불가사의(不可思議)한 신통력을 나투어 빈곤, 재난, 질병 등 모든 고통으로부터 건져 주시고 아울러 행복과 평화, 부귀와 공명, 그리고 온갖 소원을 성취시켜 주십니다. 또한 임종하는 사람을 위하여 『지장경』을 읽어주거나 지장보살님의 명호를 불러 주면 그가 비록 악도에 떨어질 무거운 죄업을 지었더라도 이 공덕으로 모든 죄업이 소멸되고 좋은 곳에 나게 됩니다. 뿐만 아니라 새로 태어나는 아기를 위하여 7일 동안 정성껏 지장경을 읽어주고 지장보살의 명호를 불러 만 번에 이르면 아이가 타고난 숙세의 업보가 다 벗겨져서 안락하게 잘 살기도 하려니와 그 수명도 증장되어 말할 수 없이 수승한 복력을 누리게 됩니다.

지장보살님은 남염부제(南閻浮提, 사바세계)에서 당신 자신의 성불보다 용화회상이 올 때까지 모든 육도중생(六道衆生)들을 구원하고 고통에서 벗어나도록 하라는 부처님의 위촉을 받으셨습니다. 더구나 명계(冥界)의 교주(敎主)이시고 대비대원(大悲大願)의 본존(本尊)이시니 아무쪼록 모든 불자님들은 이 『지장보살본원경』을 지극히 받들고 경건한 마음으로 독송하여 모든 업장이 소멸되고 자성(自性) 광명이 널리 비치도록 장엄하시기를 바랍니다. 모든 가정마다 이 거룩한 『지장경』이 모셔지기를 기원합니다.

나모대원본존지장왕보살마하살

지관당(智觀堂)에서 안심법안 합장

차 례

제1품 도리천에서 신통을 보이시다

1-1 이와 같이 나는 들었다.

1-2 한때 부처님께서 도리천에서 어머님을 위하여 설법하셨다.

1-3 이때 시방의 한량없는 세계에서 이루 말할 수 없이 많은 부처님과 보살마하살들이 모두 법회에 와서 찬탄하셨다.

1-4 "석가모니 부처님은 오탁악세에서 불가사의한 큰 지혜와 신통력을 나타내어 억세고 거친 중생들을 조복하여 고락의 법을 알게 하신다." 하며 각기 시자들을 보내어 세존께 문안드렸다.

1-5 이때 여래께서 웃으며 백천만억 대광명운을

놓으시니, 이른바 대원만광명운, 대자비광명운, 대지혜광명운, 대반야광명운, 대삼매광명운, 대길상광명운, 대복덕광명운, 대공덕광명운, 대귀의광명운, 대찬탄광명운이었다.

1-6 이루 헤아릴 수 없이 많은 광명운을 놓으시고 또 갖가지 미묘한 음성을 내시니, 이른바 보시바라밀음, 지계바라밀음, 인욕바라밀음, 정진바라밀음, 선정바라밀음, 반야바라밀음, 자비음, 희사음, 해탈음, 무루음, 지혜음, 대지혜음, 사자후음, 대사자후음, 운뢰음, 대운뢰음이었다.

1-7 이러한 말로 다할 수 없는 음성을 내시니 사바세계와 타방국토에 있는 무량억의 천신과 용, 귀신들도 도리천궁에 모였다.

1-8 이들은, 이른바 사천왕천, 도리천, 수염마천, 도솔타천, 화락천, 타화자재천, 범중천, 범보천, 대범천, 소광천, 무량광천, 광음천, 소정천, 무량정천, 변정천, 복생천, 복애천, 광과천,

엄식천, 무량엄식천, 엄식과실천, 무상천, 무번천, 무열천, 선견천, 선현천, 색구경천, 마혜수라천, 비상비비상처천의 모든 천신대중, 용의 대중, 귀신 대중들이었다.

1-9 또한 타방국토와 사바세계의 해신, 강신, 하신, 수신, 산신, 지신, 천택신, 묘가신, 주신, 야신, 공신, 천신, 음식신, 초목신들도 모두 법회에 모였다.

1-10 또한 타방국토와 사바세계의 여러 큰 귀왕들인 악목귀왕, 담혈귀왕, 담정기귀왕, 담태란귀왕, 행병귀왕, 섭독귀왕, 자심귀왕, 복리귀왕, 대애경귀왕들도 법회에 모였다.

1-11 그때 석가모니 부처님께서 문수사리법왕자보살마하살에게 말씀하셨다.

"그대는 이 모든 부처님과 보살, 천, 룡, 귀신과 이 세계와 저 세계, 이 국토와 다른 국토로부터 와서 도리천에 모인 대중들의 수를 알 수 있겠는가?"

1-12 문수사리가 말씀드렸다.

"세존이시여, 저의 신력으로는 천 겁을 헤아리더라도 알 수 없습니다."

1-13 부처님께서 문수사리에게 말씀하셨다.

"내가 불안(佛眼)으로도 다 헤아리지 못하겠으니, 그들은 모두 지장보살이 오랜 세월 동안 이미 제도했거나 지금 제도 중이거나 앞으로 제도할 이들이며, 이미 성취시켰거나 지금 성취 중이거나 앞으로 성취시킬 이들이니라."

1-14 문수사리가 부처님께 말씀드렸다.

"세존이시여, 저는 오랜 과거로부터 선근을 닦아 걸림 없는 지혜를 얻었기에 부처님의 말씀을 믿어 받드옵니다. 그러나 작은 과를 얻은 성문이나 천룡팔부, 미래세의 모든 중생들은 비록 여래의 진실한 말씀을 듣더라도 반드시 의혹을 품을 것이며, 비록 받아 지니더라도 비방하게 될 것이옵니다.

1-15 지장보살마하살이 처음 수행할 때 어떠한 수행과 서원을 세웠기에 이처럼 불가사의한 일을 성취하였는지 세존께서 자세히 말씀하여 주옵소서."

1-16 부처님께서 문수사리에게 말씀하셨다.

"비유컨데 삼천대천세계에 있는 수풀과 벼, 삼, 대나무, 갈대, 산, 돌, 티끌 등 이 많은 것 가운데 한 물건을 하나로 세고, 그 하나를 한 개의 항하로 여겨서, 그 항하의 모래 한 알을 한 세계로 치고, 그 세계 안에 있는 한 개의 먼지를 일 겁으로 삼고, 그 겁에 쌓여있는 먼지의 수를 모두 겁이라 하더라도 지장보살이 십지과위를 증득한 시간은 앞에서 비유한 수보다 천 배도 더 오래거늘, 하물며 지장보살이 성문과 벽지불지에서 행한 일을 어찌 다 비유할 수 있겠는가.

1-17 문수사리여, 이 지장보살의 위신력과 서원은 불
가사의하다. 만약 미래세에 선남자 선여인이 이
보살의 이름을 듣고 찬탄하거나, 우러러 예배하
거나, 이름을 부르거나, 공양을 올리거나, 형상
을 그리거나, 조성하거나, 옻칠을 한다면 이 사
람은 마땅히 삼십삼천에 백 번이나 나고 영원히
악도에 떨어지지 않으리라.

1-18 문수사리여, 지장보살마하살은 아주 오랜 겁
전에 어떤 장자의 아들이었다. 그때 부처님이
계셨으니 명호는 '사자분신구족만행여래'였다.
그때 장자의 아들이 부처님의 상호가 천복으로
장엄되심을 보고 그 부처님께, '어떤 수행과 서
원을 세워야 이런 상호를 얻나이까?' 하고 여쭈
었더니 '사자분신구족만행여래' 께서 장자의 아
들에게, '이런 몸을 얻고자 하면 마땅히 오랫동
안 온갖 고통받는 중생들을 건져 주어야 한다'
라고 말씀하셨다.

1-19 문수사리여, 그때 장자의 아들이 이 말씀을 듣고, '나도 미래세의 헤아릴 수 없는 겁이 다할 때까지 죄로 고통받는 육도중생을 모두 해탈케 하고서야 내 자신이 불도를 이루리라.'고 맹세하였다. 그 부처님 앞에서 이 대서원을 세우고 말로 다 할 수 없는 백천만억 나유타 겁이 지난 지금까지도 보살로 있느니라.

1-20 또 아주 오랜 아승기겁 전에 부처님이 계셨으니 명호는 '각화정자재왕여래'라 하셨고, 수명은 사백천만억 아승기겁이었다. 그 부처님의 상법시대에 어떤 바라문의 딸이 있었는데 숙세의 복이 두터워 뭇 사람들의 공경을 받았으며 다니고 머물고 앉고 누움[行住坐臥]에 천신들의 보호를 받았다. 그러나 그의 어머니는 사도를 믿어 항상 삼보를 업신여기던 중 그 딸이 여러 가지 방편을 써서 어머니를 이끌어 바른 소견이 생기게 하였으나 그 어머니는 온전한 믿음을 내

지 못한 채 죽어 혼신은 무간지옥에 떨어졌다.

그때 바라문의 딸은 어머니가 살았을 때 인과 1-21 를 믿지 않아 업에 따라 틀림없이 악도에 갔을 것으로 짐작하여 집을 팔아 마련한 향과 꽃과 여러 가지 공양물로 부처님의 탑사에 큰 공양을 올리고 그 절에 모셔진 '각화정자재왕여래'의 상을 보니 불상과 탱화의 위용이 단정하고 엄숙하셨다.

바라문의 딸이 존안을 공경히 우러르며, '부처 1-22 님은 대각이시라, 온갖 지혜를 갖추었으니 만약 세상에 계셨더라면 제 어머니가 돌아가신 뒤에 여쭈어 보아 반드시 간 곳을 알았을 텐데'라고 생각하고는,

오래도록 슬피 울며 여래를 우러러 바라보니, 1-23 갑자기 공중에서, '울고 있는 성녀여, 너무 슬퍼하지 말라. 내가 지금 그대의 어머니가 간 곳을 보여 주겠다.'라는 소리가 들려왔다.

그녀는 합장하고 공중을 향하여, '어떤 신덕이 1-24 신데 제 걱정을 풀어주려 하십니까? 저는 어머니가 돌아가신 뒤 밤낮 생각하였으나 어머니가 다시 난 곳을 여쭈어 볼 곳이 없었습니다.' 라고 하였다.

그때 공중에서 또, '나는 그대가 예배한 과거의 1-25 각화정자재왕여래이다. 그대가 어머니를 생각하는 정이 다른 중생들보다 훨씬 많으므로 그대에게 알려주는 것이다.'라는 소리가 들렸다.

바라문의 딸은 이 소리를 듣고 너무 감동 1-26 하여 몸부림치다 온몸을 다쳤다. 좌우에서 부축하고 돌보아 한참 만에 깨어나 공중을 향하여, '원컨대 부처님은 저를 불쌍히 여기시어 제 어머니가 난 곳을 어서 말씀하여 주옵소서. 저는 머지않아 죽을 것만 같습니다.' 라고 하였다.

그때 각화정자재왕여래께서 바라문의 딸에게,

1-27 '그대는 공양을 마친 뒤 곧바로 집에 돌아가 단정히 앉아 나의 명호를 생각하라. 그러면 곧 그대의 어머니가 난 곳을 알게 될 것이다.'라고 하셨다.

바라문의 딸은 예불을 마치고 부처님께 거듭 1-28 절하고는 곧 집으로 돌아와 단정히 앉아 어머니를 생각하며 하루 밤낮이 지나도록 '각화정자재왕여래'를 염불하다 문득 보니, 자신이 어떤 바닷가에 와 있었다.

끓고 있는 바닷물 위로 몸이 쇠로 된 많은 험 1-29 악한 짐승들이 동서로 날아다니고 있었고, 바다 속에는 백천만이나 되는 남녀들이 물에 빠져 허우적거리다 그 험악한 짐승들에게 잡아먹히는 것이 보였다. 또 손과 눈이 여럿이고 다리와 머리도 여럿이며 입에서는 갈고리와 같이 날카로운 이가 밖으로 튀어나온 다른 야차들이 험악한 짐승들에게 죄인들을 몰아주

기도 하고 거칠게 움켜잡아 발과 머리를 엮는 모양이 만 가지나 되어 차마 볼 수 없었으나 바라문의 딸은 염불력으로 아무런 두려움이 없었다.

1-30 이곳에 있는 무독이라는 귀왕이 다가와 머리 숙여 바라문의 딸을 맞으며, '보살이여, 어떻게 이곳에 오셨습니까?'라고 하였다.

1-31 '이곳은 어디입니까?' 하고 바라문의 딸이 귀왕에게 물으니,

1-32 '이곳은 대철위산 서쪽 첫째 바다입니다.'라고 무독이 답했다.

1-33 '철위산 안에 지옥이 있다는데 사실입니까?' 하고 바라문의 딸이 물으니,

'그렇습니다.'라고 무독이 답했다.

1-34 '제가 어떻게 이 지옥에 오게 되었습니까?' 하고 1-35 바라문의 딸이 물으니,

'부처님의 위신력이 아니면 업력에 의한 것입니

1-36 다. 이 두 가지가 아니면 이곳에 올 수 없습니다.'라고 무독이 답했다.

'저 물은 왜 끓어오르며 어찌하여 죄인들과 악

1-37 한 짐승들이 많습니까?' 하고 바라문의 딸이 또 물으니,

무독이 답하기를, '이들은 남염부제에서 악업을

1-38 지은 중생들로서 살았을 때 착한 일을 한 적이 없고 죽은 지 사십구 일이 지나도록 공덕을 지어주는 이가 없어 본업에 따라 지옥으로 가느라고 자연히 이 바다를 먼저 건너게 됩니다.

이 바다 동쪽 십만 유순을 지나면 또 다른 바

1-39 다가 있는데 그곳의 고통은 이곳의 배나 되며, 그 바다 동쪽에 또 다른 바다가 있는데 거기의 고통은 또 그 배가 됩니다. 이 고통은 삼업으로 지은 악업 때문에 받는 것이므로 업의 바다라고 하는데 여기가 바로 거기입니다.'

그러면 '지옥은 어디에 있습니까?' 하고 바라문

1-40 의 딸이 다시 무독에게 물으니,

'그 세 바다 안이 큰 지옥이니 그 수가 백천이

1-41 지만 각기 다르고 큰 지옥이 열여덟 개이며, 그

다음이 오백 개, 그다음이 천백 개로 지독한 고

통이 한량 없습니다.'라고 무독이 답했다.

'제 어머니가 돌아가신 지 오래되지 않았는데

1-42 혼신이 어디에 갔는지 알고 싶습니다.' 라고 바

라문의 딸이 또 말하니,

'보살의 어머니는 생전에 어떤 일을 했습니까?'

1-43 라고 무독이 물었다.

'제 어머니는 그릇된 소견으로 삼보를 헐뜯었고

1-44 간혹 잠깐 믿다가도 이내 불경한 짓을 저지르곤

했습니다. 돌아가신 지 오래되지 않았으나 어

디에 있는지 모릅니다.' 라고 바라문의 딸이 대답

했다.

어머니의 성씨가 무엇입니까?' 하고 무독이 물으니,

1-45 '제 부모는 모두 바라문인데 아버지는 시라선

1-46 현, 어머니는 열제리입니다.'라고 답하자 무독이 합장하며

1-47 '보살은 근심하거나 슬퍼하지 말고 돌아가십시오. 열제리 죄녀가 천상에 난 지 사흘이 지났습니다. 효순한 자식이 어머니를 위해 공양을 올리고 복을 닦아 각화정자재왕여래의 탑사에 보시한 공덕으로 보살의 어머니뿐만 아니라 무간지옥의 죄인들이 함께 천상에 나는 즐거움을 받게 되었습니다.'라고 답했다.

무독이 말을 마치고 합장하며 물러가니 바라문

1-48 의 딸은 꿈결같이 돌아와 이 일을 깨닫고 곧 각화정자재왕여래의 탑전에서 큰 서원을 세우기를, '원컨대 저는 미래 겁이 다하도록 죄고중생을 위하여 널리 방편을 펴서 그들을 해탈하도록 할 것입니다.'라고 하였다."

부처님께서 문수사리에게 말씀하셨다.

"그때의 무독은 지금의 '재수보살'이고, 바라문

의 딸은 지금의 '지장보살'이니라."

제2품 분신들이 모이다

2-1 그때 생각할 수도, 셀 수도, 말할 수도 없이 많은 백천만억 무량 아승기 지옥세계에 몸을 나투셨던 지장보살의 분신들이 도리천궁에 모여들었다. 또 여래의 위신력으로 각기 그곳에서 해탈을 얻어 업도로부터 벗어난 자들도 천만억 나유타의 수만큼 많이 모였다.

2-2 이들은 지장보살의 교화로 아누다라삼먁삼보리에서 영원히 물러나지 않게 된 이들로서, 오랜 겁 전부터 생사에 떠돌면서 육도에서 쉴 새 없이 고통 받다가 지장보살의 넓고 큰 자비와 깊은 서원으로 성과(聖果)를 얻은 이들이었다. 이들은 도리천에 이르러 기쁨이 넘쳐 하나같이

향과 꽃으로 부처님께 공양 올리고 여래를 우러르며 잠시도 눈을 떼지 않았다.

2-3 그때 세존께서 금빛 팔을 펴서 생각할 수도, 셀 수도, 말할 수도 없이 많은 백천만억 무량 아승기 세계의 분신 지장보살마하살의 이마를 만지며 말씀하셨다.

2-4 "내가 오탁악세에서 거칠고 억센 중생을 교화하여 그 마음을 조복하고 그름을 버리고 바른 길로 돌아가게 하였으나, 열에 하나 둘은 여전히 악습이 남았으니 나도 천백억 분신으로 널리 방편을 베푸니라.

2-5 근기가 날카로운 이는 들으면 곧 믿어서 지니며, 선과(善果)가 있는 이는 부지런히 권하면 성취할 것이며, 암둔한 이는 오래 교화해야 겨우 귀의하고, 업이 무거운 자는 존경심을 내지 못한다.

2-6 이런 중생들은 각각 차별이 있어 분신으로 제

도하여 해탈시키되 남자나 여인, 천, 용, 귀신, 산림, 하천, 냇물, 못, 샘이나 우물로 나타내서 사람들을 이롭게 하여 제도하며, 제석, 범왕, 전륜왕, 거사, 국왕, 재상, 관리, 비구나 비구니, 우바새나 우바이 또는 성문, 나한, 벽지불, 보살 등의 몸으로도 교화 제도하니, 부처의 몸으로만 나타내는 것은 아니다.

2-7 내가 오랫동안 저렇게 교화하기 어려운 억세고 거친 죄고중생을 해탈시켰으되, 거기에 조복되지 못한 자가 있어 업의 응보에 따라 악도에 떨어져 큰 고통 받는 것을 보거든, 그대는 마땅히 내가 도리천궁에서 간곡히 부촉한 것을 기억하여 사바세계에 미륵불이 오실 때까지 중생들을 해탈시켜 모든 고통에서 벗어나게 하고 부처님의 수기를 받도록 하라."

2-8 그때 여러 세계에서 온 모든 분신 지장보살이 다시 한 몸으로 돌아가서 눈물을 흘리면서 애

절하게 부처님께 말씀드렸다. "저는 오랜 세월 전부터 부처님께서 불가사의한 위신력으로 이 끌어주심에 힘입어 큰 지혜를 갖추었습니다. 제 분신이 백천만억 항하의 모래알처럼 많은 세계 에 두루하여 한 세계마다 백천만억의 몸이 되 고 한 몸마다 백천만억의 사람을 제도하여 삼 보께 귀의토록 하며 영원히 생사를 여의고 열 반의 즐거움에 이르게 하겠습니다.

불법 가운데 한 터럭, 물 한 방울, 모래 한 알, 한 티끌과 털끝만한 착한 일이라도 한다면 제 가 점차 제도하고 해탈시켜 큰 이로움을 얻게 하겠습니다.

세존이시여, 후세의 악업중생들에 대하여 심려 하지 마옵소서.

세존이시여, 후세의 악업중생들에 대하여 심려 하지 마옵소서.

세존이시여, 후세의 악업중생들에 대하여 심려

하지 마옵소서."

이와같이 세 번 부처님께 말씀드렸다.

2-9 이때 부처님께서 지장보살을 칭찬하셨다.

"훌륭하고도 훌륭하도다. 내가 그대를 도와 기쁘게 하리니 그대는 구원겁으로부터 세운 큰 서원을 성취하여 널리 중생을 제도한 후에 곧 보리를 증득할 것이니라."

제3품 중생의 업연을 살피는 모습

3-1 그때 부처님의 어머니 마야부인이 공경 합장하고 지장보살께 여쭈었다.

"성자여, 염부제 중생이 짓는 업의 차별과 받는 과보는 어떠합니까?"

3-2 지장보살이 대답하셨다.

"천만세계 모든 국토에는 지옥이 있기도 하고 없기도 하며, 여인이 있기도 하고 없기도 하며, 불법이 있기도 하고 없기도 하며, 성문이나 벽지불도 역시 마찬가지이옵니다. 이처럼 지옥의 죄보도 모두가 같은 것은 아닙니다."

3-3 마야부인이 거듭 지장보살께 여쭈었다.

"그러면 염부제에서 지은 죄로 악도에 떨어져서

받는 과보에 대해 듣고자 합니다."

3-4 지장보살이 대답하셨다.

"성모여, 들으소서. 제가 대강이나마 말씀드리겠습니다."

3-5 마야부인께서 말씀하셨다.

"원컨대 성자께서 설하여 주십시오."

3-6 그때 지장보살이 성모께 말씀하셨다.

"남염부제에서의 죄보를 말하자면 이러합니다. 부모에게 불효하거나 혹 살해하였다면 당연히 무간지옥에 떨어져서 천만억 겁에도 벗어날 기약이 없습니다.

3-7 만약 어떤 중생이 부처님의 몸에 피를 내거나 삼보를 비방하거나 경전을 소중하게 여기지 않는다면 역시 무간지옥에 떨어져서 천만억 겁에도 벗어날 기약이 없습니다.

3-8 만약 어떤 중생이 절의 재산을 훔쳐 손해를 끼치거나 스님들을 더럽히거나 가람 안에서 음욕

을 자행하거나 살생하거나 해친다면 이러한 무리도 당연히 무간지옥에 떨어져서 천만억 겁에도 벗어날 기약이 없습니다.

3-9 만약 어떤 중생이 마음은 사문이 아니면서 거짓 사문이 되어서 절의 재산을 함부로 쓰거나 신도를 속이거나 계율을 어겨 배반하거나 갖가지 악을 짓는다면 이러한 무리도 당연히 무간지옥에 떨어져 천만억 겁에도 벗어날 기약이 없습니다.

3-10 만약 어떤 중생이 절의 재산을 훔치거나 재물, 곡식, 음식, 의복 등 단 하나라도 주지 않는 것을 갖는 중생도 당연히 무간지옥에 떨어져서 천만억 겁에도 구출될 기약이 없습니다.

3-11 성모여, 만약 중생이 이러한 죄를 지으면 당연히 오무간지옥에 떨어져서 잠깐만이라도 고통이 멈추기를 원하여도 이룰 수 없습니다."

3-12 마야부인이 거듭 여쭈었다.

"어떤 것을 무간지옥이라고 합니까?"

지장보살이 말씀하셨다.

"성모여, 모든 지옥은 대철위산 안에 있는데 그 중 큰 지옥이 열여덟 곳이 있습니다. 그다음 것이 오백인데 이름이 각각 다르고, 또 그다음이 천백인데 역시 이름이 각각 다릅니다.

무간지옥은 성(城)으로 된 지옥인데 순철로 되었으며, 둘레가 팔만여 리이고 높이는 일만 리이고 성 위에는 불무더기가 빈틈없이 타오르고 있습니다. 그 지옥의 성 안에는 다른 지옥이 서로 이어졌는데 그 이름이 각각 다릅니다. 거기서도 특별한 지옥을 무간이라 하는데 그 옥의 둘레는 일만팔천 리이고, 옥 담장의 높이는 천 리이며, 쇠로 둘러싸여 있습니다. 위의 불은 밑으로 타 내려오고 밑의 불은 위로 치솟으며, 쇠뱀과 쇠개가 불을 뿜으면서 담장 위를 동서로 쫓아다닙니다.

3-13 그 지옥 안에는 넓이가 만 리나 되는 평상이 있습니다. 그곳은 한 사람이 죄를 받아도 그 몸이 그 평상 위에 가득 차고, 천만 인이 죄를 받아도 역시 각자의 몸이 그 평상 위에 가득 차는 것을 보게 되니, 이것은 중생 스스로의 업에 따라 받는 과보로 느끼기 때문입니다.

3-14 또 모든 죄인은 온갖 고통을 두루 다 받습니다. 그곳에는 이빨은 칼날과 같고 눈빛은 번개와 같으며, 손에는 구리 손톱이 달린 천 백의 야차와 악귀들이 죄인을 끌고 다니며 창자를 꺼내어 끊기도 하고, 어떤 야차는 큰 쇠창으로 죄인을 찌르는데 입과 코를 찌르고 배와 등을 꿰뚫어 공중에 던졌다가 도로 받아서 평상 위에 놓기도 합니다.

3-15 또 쇠독수리는 죄인의 눈을 쪼고, 쇠뱀은 죄인의 목을 감아 죄며, 온몸 마디마디에 긴 못을 내려 박고, 혀를 뽑아서 보습으로 갈며, 창자를

꺼내어 끊고, 뜨거운 구리 쇳물을 입에 부으며, 뜨거운 철사로 몸을 감는 등 만 번 죽였다가 만 번 살렸다가 합니다. 업으로 받는 것이 이와 같지만 억 겁을 지내도 벗어날 기약이 없습니다.

3-16 그러다가 이 세계가 무너지면 다른 세계로 옮겨가서 나고 그 세계가 무너지면 또 다른 세계로 옮겨가고 또 옮겨가고 하다가 이 세계가 다시 이루어지면 또 돌아옵니다. 무간지옥의 죄보가 이러합니다.

3-17 또 업을 느끼는 것이 다섯 가지라 오무간이라 합니다. 그 다섯 가지란,

3-18 첫째는 겁을 거듭하여 낮이나 밤이나 죄보를 받는데 잠깐 동안도 쉴 틈이 없으므로 무간이라 하고,

3-19 둘째는 한 사람만으로도 가득 차고 많은 사람이 있어도 역시 가득 차므로 무간이라 하며,

3-20 셋째는 몽둥이, 독수리, 뱀, 이리, 개, 맷돌,

톱, 도끼, 가마에 끓는 물, 철망, 철사, 쇠나귀, 쇠말 따위의 형벌기구가 있으며 생가죽으로 목을 조르고 뜨거운 쇳물을 몸에 부으며 주리면 쇠구슬을 삼키게 하고 목마르면 쇳물을 마시게 하면서 해를 넘기고 겁을 보내는데 그 수가 한량없는 겁에 이르러도 고통이 끊임이 없으므로 무간이라 하고,

3-21 넷째는 남자, 여인, 오랑캐, 늙은이, 어린이, 귀한 이, 천한 이, 용, 신, 천인, 귀신 할 것 없이 지은 죄업에 따라 받는 것이 모두 같으므로 무간이라 하며,

3-22 다섯째는 만약 이 지옥에 떨어지면 처음 들어갈 때부터 백천 겁이 되어도 날마다 밤마다 만 번 죽었다가 만 번 살았다가 하여 한순간도 멈추지 않으며 업이 다해야만 비로소 생을 받게 됩니다. 이렇게 고통이 끊임없이 이어지므로 무간이라 하는 것입니다.

3-23 성모여, 무간지옥에 대하여 대강만 말씀한 것이 이러하오니 만약 지옥의 형벌기구 등의 이름과 모든 고통을 자세히 말씀드리자면 한 겁 동안을 말하여도 다 할 수 없습니다."

3-24 마야부인은 이 말을 듣고는 근심 깊은 얼굴로 합장 정례하고 물러가셨다.

 제4품 사바세계 중생들이 지은 업보를 받는 모습

4-1 이때 지장보살마하살이 부처님께 말씀드렸다.

"세존이시여, 저는 부처님의 위신력을 받았기 때문에 백천만억 세계에 두루 이 몸을 나투어 모든 업보중생을 구원하고 있습니다. 만약 부처님의 크신 자비의 힘이 아니라면 이러한 변화를 지을 수 없을 것입니다. 제가 이제 또 부처님의 부촉하심을 받들어 미륵부처님이 성불할 때까지 육도의 중생을 해탈시키도록 힘을 다하겠사오니 원컨대 세존이시여, 염려하지 마옵소서."

4-2 부처님께서 지장보살에게 말씀하셨다.

"모든 중생이 해탈하지 못하는 것은 타고난 성정과 의식으로 정해진 것이 아니라 악습으로 업을 맺고 선습으로 과를 맺기 때문이다. 그리하여 선을 짓고 악을 지으면서 경계에 따라 오도(五道)를 윤회하며 잠시도 쉬지 못한다. 티끌 수와 같이 많은 겁을 지나도록 미혹에서 벗어나지 못하여, 마치 물고기가 그물 안에 있으면서 흐르는 물속에 있는 줄로 아는 것과 같이 장애와 액난의 그물에서 벗어났다가 또다시 걸리고 만다. 내가 이러한 무리들을 안타까워하였는데, 그대가 이미 과거 여러 겁에 거듭 서원을 세워서 죄 많은 무리들을 널리 제도하겠다고 하니 내가 다시 무엇을 걱정하겠느냐."

4-3 이 말씀을 하실 때 법회 가운데에 있던 정자재왕보살이 부처님께 말씀드렸다.

"세존이시여, 지장보살이 여러 겁 동안 어떠한 원을 발하였기에 이토록 세존의 은근하신 찬탄을 받게 되었나이까? 세존께서 간략히 말씀하여 주옵소서."

4-4 세존께서 정자재왕보살에게 말씀하셨다.

"자세히 듣고 잘 생각하라. 내가 그대를 위하여 말하겠다.

4-5 과거 한량없는 아승기 나유타의 말할 수도 없이 오랜 겁 전에 부처님이 계셨으니 명호는, '일체지성취여래, 응공, 정변지, 명행족, 선서, 세간해, 무상사, 조어장부, 천인사, 불, 세존'이었고 그 부처님의 수명은 육만 겁이었다.

4-6 이 부처님께서 출가하시기 전에는 작은 나라의 왕으로서 이웃나라의 왕과 벗이 되어 함께 열 가지 선을 행하여 중생을 이롭게 하였다. 그런데 이웃나라의 백성들이 여러 가지 악을 많이 지으므로 두 왕이 의논하여 여러 가지 방편을 베풀었는데 한 왕은 '어서 불도를 이루어서 널리 이 무리들을 제도하여 남음이 없게 하리라.'

고 발원하였고,

4-7 다른 왕은 '만약 이 죄고중생들을 제도하여 그들을 안락케 하지 못하고 보리를 이루게 하지 못한다면, 나는 언제까지나 부처가 되기를 바라지 않으리라.'고 발원하였다."

4-8 부처님은 정자재왕보살에게 말씀을 계속하셨다. "두 왕 중 어서 성불해야겠다고 발원한 왕은 곧 '일체지성취여래'이고, 영원히 죄고중생을 제도할 것을 발원하고 성불할 것을 원하지 않은 왕이 '지장보살'이다.

4-9 또 과거 한량없는 아승기겁 전에 부처님이 세상에 출현하셨으니 명호는 '청정연화목여래'이었고 수명은 사십 겁이었다. 그 부처님의 상법시대에 한 나한이 있어 중생을 복되게 하였는데 차례로 교화하다가 어떤 여인을 만나니 이름은 광목이었다. 광목이 음식을 공양 올리니, 나한은 소원이 무엇인지 물었다.

4-10 광목이 대답하였다.

'제가 돌아가신 어머니를 천도해 드리고자 하나 어머니가 가신 곳이 어디인지 모릅니다.'

나한이 이를 가엾이 여기고 선정에 들어서 살펴보니 광목의 어머니가 악도에 떨어져 큰 고통을 받는 것이 보였다.

4-11 나한이 광목에게, '그대의 어머니가 지금 악도에서 아주 큰 고통을 겪고 있는데 생전에 어떠한 죄업을 지었소?'라고 하니,

4-12 '저의 어머니는 물고기와 자라 같은 것을 즐겨 드셨는데 그중에도 새끼 자라를 지지고 볶아 마음껏 드셨으니 그 수가 아마 천만의 여러 배가 될 것입니다. 존자께서는 가엾이 여기시어 어떻게든지 구하여 주옵소서.'라고 하였다.

4-13 나한이 가엾이 여기고 방편을 지어 광목에게 권했다.

'그대는 지극한 정성으로 청정연화목여래를 생

각하고 그 여래의 형상을 그리거나 조성하여 모시도록 하시오. 그렇게 하면 산 사람도 죽은 사람도 모두 좋은 과보를 얻을 것이오.'

4-14 광목이 이 말을 듣고는 곧 아끼던 재물을 팔아 청정연화목여래의 형상을 그려 모시고 공양을 올리며 공경하는 마음으로 우러러 예배하였다. 그러다 문득 새벽꿈에 부처님을 뵈니 금빛이 찬란한 수미산과 같았다.

부처님께서는 큰 광명을 놓으시며 광목에게, '그대의 어머니는 머지않아 그대의 집에 태어날 것이다. 그리고 배고프고 추운 것을 느낄 만하면 곧 말을 하게 될 것이다.'라고 하셨다.

4-15 그 뒤 광목의 집에서 여종이 자식을 낳았는데 태어난 지 사흘도 되지 않아 머리 숙여 슬피 울며 광목에게 말했다.

'생사의 업연과 과보는 스스로 받게 마련이라 어둠 속에서 오랫동안 있었습니다. 나는 그대의 엄마였습니다. 그대와 헤어진 뒤 큰 지옥에 떨어졌다가 이제야 그대의 복력을 입어 생을 받았지만 하천한 사람이 되었습니다. 게다가 단명하여 열세 살이 되면 다시 악도에 떨어질 것입니다.

나의 이 업보를 벗겨 줄 무슨 방법이 없겠습니까?' 하고 말하였다.

4-16 광목은 이 말을 듣자, 자기 어머니임을 의심하지 않고 목이 메어 슬피 울면서 그 종의 자식에게 물었다.

'우리 어머니가 맞다면 본래 지은 죄업을 아실 것입니다. 어떠한 업을 지었기에 악도에 떨어졌습니까?' 종의 자식은, '살생과 불법을 헐뜯어 욕한 이 두 가지 업으로 과보를 받았는데 그대가 복을 지어 나를 구제하지 않았다면 이 업에서 도저히 벗어날 수 없었을 것입니다.' 라고 대답했다.

4-17 광목이, '지옥에서 받는 죄보는 어떠합니까?' 하고 물으니, 종의 자식은, '그 고통은 백천 년을 두고 말해도 다 말할 수 없습니다.'라고 대답했다.

4-18 광목이 이 말을 듣고는 더욱 슬피 울면서 허공을 우러러 말했다.

'원하옵나니, 저의 어머니를 지옥에서 영원히 벗어나게 하여 주옵소서. 열세 살에 수명을 마치고 나서도 무거운 죄보로 다시 악도에 떨어지지 않게 하여 주옵소서.

시방의 모든 부처님이시여,

저를 가엾게 여기시어 제가 어머니를 위하여 발하는 저의 이 광대한 서원을 들어 주옵소서.

4-19 만약 제 어머니가 삼악도와 하천한 신분과 여인의 몸을 영원히 여의고 영겁토록 그러한 업보를 다시 받지 않는다면,

저는 오늘부터 백천만억 겁 동안 모든 세계의

모든 지옥과 삼악도의 한량없는 죄고중생들을 구원하여 그 모든 죄보의 무리들까지도 다 성불하게 한 후에야 정각을 이루겠습니다.'

4-20 이렇게 서원을 마치자 청정연화목여래의 말씀이 들려 왔다.

4-21 '광목아, 그대는 어머니를 위하여 큰 자비로 광대한 원을 세웠구나. 내가 살펴보니 그 공덕으로 그대의 어머니는 열세 살이 지나면 지금의 업보를 벗고 바라문으로 태어나서 백 살까지 살 것이며, 그 보가 지난 뒤에는 무우국토에 나서 헤아릴 수 없는 겁을 살다가 나중에는 불과를 성취하여 널리 항하의 모래알처럼 많은 인간과 하늘을 제도할 것이다.'라고 일러 주셨다.”

4-22 부처님께서 다시 정자재왕보살에게 말씀하셨다. “그때 광목으로 하여금 복을 짓게 한 나한이 '무진의보살'이고, 광목의 어머니는 '해탈보살'이며, 광목이라는 여인은 '지장보살'이다.

이처럼 지장보살은 과거 까마득하게 먼 겁 동안에 이와 같은 자비로 항하의 모래알처럼 많은 원을 세우고 널리 중생을 제도하여 왔느니라.

4-23 미래의 세상에 남자나 여자 중에 선행을 하지 않는 자, 악을 행하는 자, 인과를 믿지 않는 자, 사음과 거짓말을 하는 자, 이간질과 나쁜 말을 하는 자, 대승을 비방하는 자와 같은 모든 죄업 중생들은 반드시 악도에 떨어질 것이지만, 선지식을 만나 그의 권유로 손가락을 한 번 튕길 동안만이라도 지장보살에게 귀의한다면 이 모든 중생들은 삼악도의 죄보에서 벗어나게 된다.

4-24 지극한 마음으로 부처님께 귀의하여 예배하고 찬탄하며 향, 꽃, 의복 등 갖가지 진귀한 보물이나 음식으로 공양을 올리는 자는 미래의 백천만 겁 동안에 항상 하늘에서 빼어난 즐거움을 받을 것이며, 천복이 다해 인간으로 내려오

더라도 백천 겁 동안 제왕이 되어 숙명과 인과의 본말을 알게 된다.

4-25 정자재왕보살이여, 이와 같이 지장보살에게 불가사의한 큰 위신력이 있어서 널리 중생을 이롭게 하나니, 그대들 모든 보살들은 마땅히 이 경을 기록하여서 널리 유포해야 하느니라."

4-26 정자재왕보살이 부처님께 말씀드렸다.

"세존이시여, 염려하지 마옵소서.

저희 천만억 보살마하살이 반드시 부처님의 위신력을 받들어 널리 이 경을 펴서 염부제 중생을 이롭게 하겠습니다."

정자재왕보살이 이렇게 말씀드린 후 공경스런 마음으로 합장하며 절하고 물러갔다.

4-27 그때 사천왕이 함께 자리에서 일어나 합장하고 공경스럽게 부처님께 말씀드렸다.

"세존이시여, 지장보살은 오랜 겁 전에 이미 이러한 큰 원을 세웠는데 어찌하여 지금까지도 중생들을 다 제도하지 못하고 다시 광대한 서원을 세워야 하나이까?

원컨대 세존께서 저희들을 위하여 말씀하여 주옵소서."

4-28 부처님께서 말씀하셨다.

"훌륭하도다. 내 이제 그대들과 현재, 미래의 하늘과 인간들에게 널리 이익을 주기 위해 지장보살이 사바세계 염부제 안 생사의 길에서 자비로써 모든 죄고중생을 제도하여 해탈케 하는 방편에 대하여 말하겠다."

사천왕이 말씀드렸다.

"세존이시여, 기쁘게 듣고자 하나이다."

4-29 부처님께서 사천왕에게 말씀하셨다.

"지장보살이 오랜 겁 전부터 지금까지 중생을 제도하되 아직도 원을 다하지 못하고 거듭 원을 세우고 있는 것은 이 세계의 죄고중생들이 미래의 한량없는 겁으로 업의 인연이 이어져

끊이지 않음을 알기 때문이다. 그러므로 사랑과 연민으로 또 거듭 원을 발하여 사바세계 염부제 안에서 백천만억 방편으로 교화하는 것이다.

4-30 사천왕이여, 지장보살은 살생하는 자를 만나면 그 재앙으로 단명하게 되는 업보를 말하고,

4-31 도둑질하는 자를 만나면 빈궁의 고초를 겪는 업보를 말하며, 사음하는 자를 만나면 참새, 비둘기, 원앙의 업보를 말하고,

4-32 악담하는 자를 만나면 권속과 다투는 업보를 말하며, 남을 헐뜯는 자를 만나면 혀가 없거나 구창보를 앓는 업보를 말하고, 성내는 자를 만나면 얼굴이 추악하게 찌그러지는 업보를 말하며, 탐욕하거나 인색한 자를 만나면 구하는 바가 뜻대로 안되는 업보를 말하고,

4-33 먹고 마심에 무도(無度)한 자를 만나면 굶주리고 목말라서 목에 병이 나는 업보를 말하며,

함부로 사냥하는 자를 만나면 놀라고 미쳐서 목숨을 잃는 업보를 말하고, 부모의 뜻을 어기고 거역하는 자를 만나면 천재지변으로 죽는 업보를 말하며, 산이나 숲에 불을 지르는 자를 만나면 미쳐 헤매다가 죽는 업보를 말하고, 그들의 의붓자녀를 학대하는 자에게는 미래생에 똑같이 학대받는 업보를 말하며, 그물로 날짐승을 잡는 자를 만나면 가족들이 흩어지고 이별하는 업보를 말하고,

4-34 삼보를 헐뜯고 비방하는 자를 만나면 눈멀고 귀먹고 벙어리 되는 업보를 말하며, 불법을 경시하고 불교를 업신여기는 자를 만나면 영원히 악도에 떨어지는 업보를 말하고, 절의 물건을 파괴하거나 함부로 쓰는 자를 만나면 억겁 동안 지옥에서 윤회하는 업보를 말하며, 스님들의 청정한 행을 더럽히거나 속이는 자를 만나면 축생이 되는 업보를 말하고,

4-35 끓는 물, 불, 흉기로 남을 해치거나 다치게 하는 자를 만나면 윤회하면서 서로 갚게 되는 업보를 말하며, 계율을 파하고 재(齋)를 범하는 자를 만나면 짐승이나 새가 되어 굶주리는 업보를 말하고, 재물을 옳지 않게 쓰는 자를 만나면 구하는 바가 막히고 더 이상 생기지 않는 업보를 말하며,

4-36 아만심이 높은 자를 만나면 하천한 종이 되는 업보를 말하고, 이간질로 서로 다투게 하는 자를 만나면 혀가 없거나 많은 업보를 말하며, 소견이 그릇된 자를 만나면 야만족으로 태어나는 업보를 말한다.

4-37 이는 염부제 중생이 몸과 입과 뜻으로 짓는 악습의 결과로 받는 백천 가지의 업보 가운데 일부만 말한 것이다. 이러한 염부제 중생들이 짓는 죄업에 따라 차별이 있음을 지장보살이 백천 가지 방편으로 교화하지만 중생들은 먼저

지은 업보로 지옥에 떨어져 여러 겁이 지나도록 벗어날 기약이 없다.

4-38 그러므로 그대들은 사람들을 보호하고 나라를 지키며 지장보살을 도와 여러 가지 업으로 인해 중생들이 미혹에 빠지는 일이 없도록 하라."

4-39 사천왕이 듣고는 슬피 눈물을 흘리며 탄식하면서 합장하고 물러갔다.

 # 제5품 지옥들의 이름

5-1 그때 보현보살마하살이 지장보살에게 말씀하셨다.

"어진 분이시여, 천룡팔부와 사부대중과 현재, 미래의 모든 중생을 위해 사바세계 염부제의 죄고중생이 업보로 받는 지옥의 이름과 괴로운 과보를 말씀하여 미래세의 말법 중생들이 이 과보를 알게 하여 주옵소서."

5-2 지장보살이 대답하셨다.

"어진 분이시여, 내가 이제 부처님의 위신력과 보현보살의 힘을 이어받아 지옥의 이름과 죄보에 대해 간략히 말씀 드리겠습니다.

어진 분이시여, 염부제의 동쪽에는 철위산이

있습니다. 이 산은 어둡고 깊어서 해와 달의 빛이 닿지 못합니다. 거기에 큰 지옥이 있으니 이름은 극무간입니다.

5-3 그리고 대아비지옥이 있고 사각지옥이 있습니다. 또 비도지옥, 화전지옥, 협산지옥, 통창지옥, 철거지옥, 철상지옥, 철우지옥, 철의지옥, 천인지옥, 철려지옥, 양동지옥, 포주지옥, 유화지옥, 경설지옥, 좌수지옥, 소각지옥, 담안지옥, 철환지옥, 쟁론지옥, 철수지옥, 다진지옥이 있습니다."

5-4 지장보살이 또 말씀하셨다.

"어진 분이시여, 철위산 안에는 이런 지옥이 수없이 많습니다. 또 규환지옥, 발설지옥, 분뇨지옥, 동쇄지옥, 화상(火象)지옥, 화구지옥, 화마지옥, 화우지옥, 화산지옥, 화석지옥, 화상(火床)지옥, 화량지옥, 화응지옥, 거아지옥, 박피지옥, 음혈지옥, 소수지옥, 소각지옥, 도자지옥, 화옥

지옥, 철옥지옥, 화랑지옥 등이 있습니다.

이 지옥들 속에는 각각 하나나 둘, 셋이나 넷, 백이나 천의 작은 지옥들이 있는데 이름이 모두 다릅니다."

5-5 지장보살이 또 보현보살에게 말씀하셨다.

"어진 분이시여, 이 모든 지옥들은 염부제에서 악을 행한 중생들이 업에 따라 과보를 받는 곳입니다. 업력이란 너무나 엄청나서 수미산에 대적하고 큰 바다보다도 깊어 성스러운 깨달음의 길을 막습니다.

그러므로 중생들은 아무리 작은 악이라도 가벼이 여겨 죄가 없다고 하지 말아야 할 것입니다. 털끝만 한 것도 업보가 있어 죽은 뒤에는 모두 받아야만 하고 어버이와 자식같이 지극히 가까운 사이라도 가는 길이 다르며 서로 만나더라도 대신 받지 못합니다.

내가 이제 부처님의 위신력을 이어받아 지옥에

서 죄보로 고통 받는 일을 간략히 말씀드리오니 어진 분께서는 들어 주시기 바랍니다."

5-6 보현보살이 대답하셨다.

"나는 이미 오래 전부터 삼악도의 죄보를 알고 있으나 어진 분의 말씀을 바라는 이유는 후세 말법시대에 죄 많은 중생들이 어진 분의 말씀을 듣고 부처님께 귀의토록 하려는 것입니다."

5-7 지장보살이 말씀하셨다.

"어진 분이시여, 지옥에서 받는 죄보는 이러합니다.

어떤 지옥은 죄인의 혀를 뽑아서 소로 밭 갈듯 하고, 어떤 지옥은 죄인의 심장을 꺼내어 야차가 먹으며, 어떤 지옥은 가마의 끓는 물로 죄인의 몸을 삶고, 어떤 지옥은 죄인이 벌겋게 달궈진 구리기둥을 안게 하며, 어떤 지옥은 맹렬한 불길이 죄인을 덮치며, 어떤 지옥은 언제나 차디찬 얼음뿐이며, 어떤 지옥은 한없는 똥·오줌

뿐이며, 어떤 지옥은 쇠뭉치가 날아들며, 어떤 지옥은 불창이 가득히 모여들며, 어떤 지옥은 몽둥이로 가슴과 등을 내려치며, 어떤 지옥은 손발을 태우며, 어떤 지옥은 쇠뱀이 몸을 감으며, 어떤 지옥은 쇠개에게 물려 쫓기며, 어떤 지옥은 무쇠나귀에게 끌려 다닙니다.

5-8 어진 분이시여, 이러한 업보를 받는 옥마다 백천 가지 형구가 있는데 그것이 모두 구리요, 쇠요, 돌이요, 불입니다. 이 네 가지는 여러 업의 과보로 생겨난 것입니다.

지옥의 죄보에 대하여 자세히 말한다면 옥마다 백천 가지의 고초가 있는데 어떻게 그 많은 지옥을 말로 다 할 수 있겠습니까.

내가 이제 부처님의 위신력과 어진 분의 물음을 받들어 대강 말한 것이 이와 같으니, 만약 자세히 해설하자면 겁이 다 지나도 끝이 없을 것입니다."

제6품 부처님께서 찬탄하시다

6-1 그때 부처님께서 온몸으로 큰 빛을 내시어 백천억 항하의 모래알처럼 많은 모든 부처님 세계를 두루 비추시며 큰 음성으로 모든 부처님 세계의 보살마하살과 하늘, 용, 귀신, 사람과 사람이 아닌 무리들에게 말씀하셨다.

"모두 들으라,

내가 이제 지장보살이 불가사의한 위신력과 큰 자비의 힘으로 시방세계의 온갖 괴로움으로부터 구원하는 일에 대하여 드날려 칭찬하리니, 내가 멸도한 뒤에 그대들 모든 보살과 하늘, 용, 귀신들은 널리 방편을 지어 이 경을 지키고 모든 중생들이 온갖 괴로움을 여의고 열반락을 얻게 하라."

6-2 이렇게 말씀하시자 법회 중에 있던 보광보살이 합장 공경하고 부처님께 사뢰었다.

"지금 부처님께서 지장보살에게 불가사의한 큰 위신력이 있음을 칭찬하셨나이다.

세존이시여, 미래 말법시대의 중생들을 위하여 지장보살이 인간과 천상에 이익을 주는 인과에 대하여 말씀하여 주옵소서. 그리하여 모든 천룡팔부와 미래세의 중생들이 부처님의 말씀을 받들게 하옵소서."

6-3 부처님께서 보광보살과 사부대중들에게 말씀하셨다.

"내 그대들을 위하여 지장보살이 인간과 천상을 이롭게 하는 복덕에 대하여 간략히 말하리니 새겨들으라."

6-4 보광보살이 사뢰었다.

"세존이시여, 즐거이 듣겠나이다."

6-5 부처님께서 말씀하셨다.

"미래 세상에 선남자 선여인이 지장보살의 이름을 듣고 합장하는 자, 찬탄하는 자, 예배하는 자, 사모하는 자는 삼십 겁의 죄를 벗어날 것이다.

6-6 보광보살이여, 선남자 선여인이 지장보살의 형상을 그리거나 흙이나 돌, 아교, 칠, 금, 은, 구리, 철 등으로 지장보살상을 조성하여 한 번이라도 우러러 예배하는 자는 백 번을 거듭 삼십삼천에 나서 오래도록 악도에 떨어지지 않을 것이다.

설사 천상의 복이 다하여 인간에 태어나더라도 국왕이 되는 등 큰 이로움을 잃지 않을 것이다.

6-7 어느 여인이 여자 몸을 싫어한다면,

지장보살의 탱화나 흙, 돌, 아교, 칠, 구리, 철 등의 상에 정성껏 공양하되 날마다 게을리하지 않고 항상 꽃, 향, 음식, 의복, 비단, 깃발, 돈, 보물 등으로 공양을 올리면 이 여인은 받은 여인의 몸을 마친 뒤에는 백천만 겁이 지나도록 여인이 있는 세계에 조차 나지 않을 것인데 하물며 다시 여자 몸을 받겠는가.

다만 자비원력으로 중생을 제도하기 위해 스스로 여자의 몸을 받는 경우를 제외하고는 지장보살에게 공양한 힘과 지장보살의 공덕을 입어 백천만 겁토록 다시는 여자 몸을 받지 않을 것이다.

6-8 보광보살이여, 추하고 병이 많은 어느 여인이 자신의 모습을 싫어하여 지장보살의 형상을 밥 한 끼를 먹는 동안만이라도 지극한 마음으로 우러러 예배한다면 이 사람은 천만 겁 동안 원만한 몸으로 태어나며 모든 질병이 없을 것이다. 그리고 이 여인이 만약 여자의 몸을 싫어하지 않는다면 백천만억 겁 동안 항상 왕녀나 왕

비 또는 재상이나 큰 장자의 딸로 단정하게 태어나서 모든 모습이 원만하리니, 이는 지극한 마음으로 지장보살을 우러러 예배한 공덕으로 이와 같은 복을 받는 것이니라.

6-9 보광보살이여, 어느 선남자 선여인이 지장보살의 형상 앞에서 여러 가지 악기를 연주하고 노래하여 찬탄하며 향과 꽃으로 공양하고, 다른 사람들에게 권하면 현세나 미래세에 항상 백천의 여러 신들이 밤, 낮으로 호위하여서 나쁜 일은 귀에 들리지도 않을 것인데 하물며 횡액을 당하는 일이 있겠는가.

6-10 보광보살이여, 미래세에 선남자 선여인이 지장보살께 귀의하여 공양, 공경, 찬탄하며 그 형상에 예배하는 것을 보고 악인이나 악신, 악귀가 망령되이 꾸짖고 헐뜯으며 공덕도 이익도 없는 것이라 비방하거나, 비웃거나, 그르다거나, 비난하거나, 남과 함께 한 생각만이라도 비방하

고 헐뜯는 이는 그 죄보로 아비지옥에 빠져 현 겁의 천 분의 부처님께서 멸도하신 뒤까지도 극 중한 과보를 받을 것이며, 이 겁이 지나서야 겨 우 아귀의 보를 받다가 다시 천 겁이 지나야 축 생의 보를 받고 또 천 겁이 지나야 비로소 사람 의 몸을 받는다.

비록 사람의 몸을 얻더라도 빈궁하고 하천하며 온전한 육근을 갖추지 못하고 많은 악업이 그 몸에 와서 맺혀 또 다시 악도에 떨어진다.

보광보살이여, 다른 사람이 공양하는 것을 비 난하고 헐뜯기만 하여도 이러한 죄보를 받거늘 하물며 일부러 악한 마음을 내어서 직접 헐뜯 으면 어떠하겠는가.

6-11 보광보살이여, 미래세에 남자나 여인이 오랫동 안 병상에 누워 살려고 하여도 죽으려고 하여 도 마음대로 안 되거나, 꿈에 악귀가 나타나 자 신과 가족을 괴롭혀 험한 길을 헤매기도 하며,

도깨비에게 홀리거나 귀신과 함께 하여 세월이 지날수록 점점 몸이 쇠약해지고 자다가도 괴로워 처참하게 소리치며 괴로워하는 자는, 모두 다 업장으로 지은 죄업의 경중을 정하지 못하여 죽기도 어렵고 나을 수도 없게 된 것이니 보통 사람의 속된 눈으로는 도저히 알지 못한다.

6-12 이러한 때는 모든 불보살의 형상 앞에서 지장경을 한 번이라도 큰 소리로 읽고 병자가 아끼는 물건이나 의복, 보배, 장원(莊園), 집을 병자 앞에 놓고,

'저희들이 병자를 위하여 경전과 불상 앞에 이 재물을 공양합니다. 이것으로 불보살님의 상을 조성하거나 탑이나 절을 짓거나 등을 밝힐 수 있도록 절의 재산으로 보시하겠습니다.' 하고 병자가 분명히 알아듣게 세 번을 말한다.

6-13 가령 병자의 모든 의식이 흩어지고 기운이 다하였더라도 하루나 이틀, 사흘에서 이레 동안 큰

소리로 이렇게 말하고 큰 소리로 이 경을 읽으면 이 사람이 목숨을 마친 뒤에 숙세의 허물과 무거운 죄로 오무간지옥에 가게 되었더라도 영원히 해탈을 얻고 나는 곳마다 항상 숙명을 알게 되니, 하물며 선남자 선여인이 스스로 이 경을 쓰거나 다른 사람들이 쓰게 하거나 스스로 보살의 형상을 조성하고 그리거나 남에게 그렇게 하게 한다면 그 공덕으로 받는 이익이 얼마나 크겠는가.

6-14 그러므로 보광보살이여, 어떤 사람이 지장경을 독송하거나 한 생각만이라도 지장경을 찬탄하며 공경하는 자를 보거든, 그대는 꼭 백천 방편으로 이들에게 권하여서 정근하는 마음이 물러나지 않도록 하여 현재와 미래에 백천만억의 불가사의한 공덕을 얻게 하라.

6-15 보광보살이여, 미래세에 중생들이 꿈이나 잠결에 귀신들이 슬퍼하거나 울거나 근심하거나 탄

식하거나 두려워하는 등의 여러 모습을 본다면, 이는 한 생이나 열 생, 백 생, 천 생 과거세의 부모, 형제, 자매, 남편, 아내 등 가족들이 악도에서 벗어나지 못하고 스스로 구원할 복력이 없어 숙세의 가족에게 호소하여 악도에서 구원하여 줄 것을 원하는 것이다.

6-16 보광보살이여, 그대는 신력으로 이 사람들에게 모든 불보살의 형상 앞에서 지극한 마음으로 지장경을 읽게 하거나 다른 사람에게 세 번이나 일곱 번을 읽게 하라. 그러면 악도에 떨어진 권속들이 해탈을 얻어 다시는 꿈에 나타나지 않을 것이다.

6-17 보광보살이여, 미래세에 비천한 무리나 자유를 잃은 사람들이 숙세의 업보를 깨닫고 참회하고자 하거든 지극한 마음으로 지장보살의 형상에 예배하면서 이레 동안 지장보살의 명호를 생각하고 불러서 만 번을 채운다면 지금의 과보가

다한 후에는 천만 생 동안을 항상 존귀하게 나고 다시는 삼악도의 고통을 겪지 않을 것이다.

6-18 보광보살이여, 미래세 염부제에서 찰제리, 바라문, 장자, 거사 또는 다른 신분으로 태어난 갓난아이가 있다면 남자든 여자든 칠 일 안에 정성껏 이 불가사의한 경전을 읽어주고 또 지장보살의 명호를 만 번 불러주면 이 아기에게 있는 숙세의 죄보가 벗겨지고 안락하게 잘 자라며 수명이 늘게 되리라. 또한 복을 타고났으면 더욱 안락하고 수명이 더 늘어나게 된다.

6-19 보광보살이여, 매달 1일, 8일, 14일, 15일, 18일, 23일, 24일, 28일, 29일, 30일의 십재일에는 미래세 중생의 모든 죄업을 모아 경중을 정하게 된다.

남염부제 중생들의 행동과 생각이 업 아닌 것이 없고 죄 아닌 것이 없는데 하물며 방자한 마음으로 죽이고 훔치고 사음하고 거짓말하는 등 백천 가지 죄를 일부러 지어서야 되겠는가.

6-20 이 십재일에 불보살과 모든 성현의 형상 앞에서 지장경을 한 번 읽으면 동, 서, 남, 북의 백 유순 안에서 모든 재앙이 없어지고 집안의 어른이나 아이들이 현재나 미래 백천 세에 악도를 벗어날 것이며 매달 십재일마다 지장경을 한 번씩 읽으면 현재 집안의 모든 횡액과 질병이 사라지고 의복과 음식이 풍족하게 될 것이다.

6-21 그러므로 보광보살이여, 지장보살은 이러한 말할 수 없이 큰 백천만억의 위신력으로 이익을 주는 분임을 마땅히 알아야 한다.

염부제의 중생들은 모두가 지장보살과 큰 인연이 있으니 중생들이 지장보살의 이름을 듣거나, 지장보살의 형상을 보거나, 이 경을 석 자나 다섯 자 혹은 한 게송, 한 글귀라도 듣는 자는 현세에 아주 안락할 것이고 미래세 백천만 생을 항상 단정한 몸으로 존귀한 가문에 태어날 것이다."

6-22 보광보살이 부처님께서 지장보살을 칭찬, 찬탄하시는 것을 듣고 무릎 꿇고 합장한 후 다시 부처님께 말씀드렸다.

"세존이시여,

저는 오래 전부터 이 지장보살이 지닌 불가사의한 신력과 큰 서원력을 알고 있었으나 미래 중생에게 알려 이익을 주기 위하여 짐짓 부처님께 여쭈었나이다.

세존이시여, 이 경의 이름은 무엇이라 하오며 저희가 어떻게 유포하여야 할지 말씀하여 주옵소서."

6-23 부처님께서 보광보살에게 말씀하셨다.

"이 경의 이름은 셋이니라.

하나는 '지장본원'이고, 또 하나는 '지장본행'이며, 또 다른 하나는 '지장본서력경'이다.

이는 지장보살이 오랜 겁 전부터 큰 서원을 거

듭 세워 중생에게 이익을 주는 것에서 연유한 것이니 그대들은 이 서원에 따라 널리 펴도록 하라."

6-24 보광보살이 부처님의 말씀을 깊이 새겨듣고는 합장하고 공경히 예배한 다음 물러갔다.

 # 제7품 산 사람과 죽은 사람 모두에게 이익됨

7-1 그때 지장보살마하살이 부처님께 말씀드렸다.

"세존이시여,

제가 이 염부제 중생을 살펴보니 행동하고 생각하는 것이 죄 아닌 것이 없습니다. 훌륭한 이를 만나 착한 마음을 내더라도 처음에 낸 마음을 지키기 어렵고 악한 인연을 만나면 생각 생각에 점점 죄를 더하게 됩니다.

7-2 이러한 무리들은 마치 무거운 짐을 지고 진흙길을 걷는 것과 같아서 갈수록 지치고 점점 무거워져 발이 더욱 깊이 빠져드는 것과 같습니다. 다행히 선지식을 만나면 선지식이 그 짐을 덜어

주거나 전부를 대신 져주니 이는 선지식에게 큰 힘이 있기 때문입니다.

그리하여 다시 그를 부축하여 힘을 내게 도와주고 인도하여 평지에 이르면 지나온 험한 길을 살피게 하여 두 번 다시 그런 곳을 지나가지 않도록 합니다.

7-3 세존이시여,

악을 익힌 중생은 잠깐 사이라도 한량없는 죄를 저지르게 됩니다. 모든 중생들은 이와 같은 습성이 있으므로 임종할 때 가족들이 마땅히 그를 위하여 복을 지어 앞길을 열어 주어야 합니다. 이때에는 깃발과 일산을 달거나, 등을 밝히거나, 존귀한 경전을 읽거나, 부처님과 모든 성인의 존상 앞에 공양을 올려야 합니다. 부처님과 보살, 벽지불을 생각하며 한 분 한 분의 명호를 분명히 불러서 임종하는 사람의 귀에 들려주어 마음에 새겨지도록 하면, 그 중생이 지은 악업으로 악도에 떨어지게 되었더라도 가족들이 그를 위하여 성스러운 인연을 닦은 공덕으로 그가 지은 죄가 모두 소멸될 것입니다.

7-4 또 그가 죽은 뒤 사십구일 안에 가족들이 여러 가지 좋은 공덕을 지어주면 그 중생은 영원히 악도를 여의고 인간과 천상에 나서 뛰어나고 좋은 즐거움을 받게 되며 현재의 가족들도 한량없는 이익을 받을 것입니다.

그러므로 제가 부처님을 모신 지금, 천룡팔부와 인간, 인간 아닌 이들과 염부제 중생에게 임종하는 날에 살생을 하지 말고 모든 악연을 짓지 말며 귀신을 숭배하거나 도깨비들에게 제사하여 절하고 구하는 일 따위를 하지 말라고 권합니다.

7-5 왜냐하면, 살생을 하거나 귀신에게 제사 지내는 것이 털끝만큼도 죽은 사람에게 이익이 되지 않으며 죄만 더욱 깊고 무겁게 할 뿐이기 때

문입니다.

설령 현생에 성현의 위신력을 얻어 내생에 인간이나 천상에 나게 되더라도, 임종할 때 가족들이 악을 지으면 죽은 사람이 그 재앙에 대해 변론하느라 좋은 곳에 남이 늦어지거늘, 하물며 임종하는 사람이 생전에 작은 선근도 짓지 않았다면 그 본업에 따라 스스로 악도의 과보를 받게 되는데 가족들이 다시 악업을 더해야 되겠습니까.

7-6 그것은 마치 먼 길을 가는 사람이 식량은 떨어진 지 사흘이 되었고 백 근이 넘는 짐을 졌는데 이웃 사람을 만나서 그가 또 작은 짐이라도 얹으면 어려움이 더 커지는 것과 같습니다.

7-7 세존이시여,

제가 염부제의 중생을 보니 모든 부처님의 가르침에 따라 착한 일을 털 하나, 물 한 방울, 모래 한 알, 먼지 한 톨 만큼만 하더라도 이로 인한 이익은 모두 자신이 얻게 됩니다."

7-8 이 말씀을 하실 때 법회 중에 대변 장자가 있었다. 이 장자는 오래 전에 무생법을 증득하였으며 시방세계의 중생을 교화 제도하느라 장자의 몸으로 나타낸 이었다. 그가 합장 공경하고 지장보살께 여쭈었다.

"보살이시여, 이 남염부제의 중생이 목숨을 마친 뒤에 그의 가족들이 그를 위하여 공덕을 닦고 재를 베풀어 여러 가지 선한 일을 하면 목숨을 마친 사람이 큰 이익을 얻어 해탈할 수 있습니까?"

7-9 지장보살이 대답하였다.

"장자여, 내가 지금 부처님의 위신력을 받들어 미래와 현재의 모든 중생들을 위해 간략히 말하겠습니다.

7-10 장자여, 미래와 현재의 모든 중생들이 임종할 때에 한 분의 부처님, 보살, 벽지불의 명호만

들어도 죄가 있고 없고를 가릴 것 없이 모두가 해탈을 얻을 것입니다.

살아 있을 때 선한 일보다 죄를 많이 지은 사람이 죽은 뒤, 가족들이 그를 위하여 훌륭한 공덕을 지어 복을 닦아 주게 되면, 그 공덕의 칠분의 일은 죽은 자에게 돌아가고 나머지 여섯은 산 사람의 이익이 됩니다.

그러므로 미래와 현재의 선남자 선여인들은 이 말을 명심하여 스스로 복을 닦으면 그 공덕을 모두 얻을 수 있습니다.

7-11 죽음이 불현듯 닥쳐오면 어둠 속을 헤매는 혼신이 되어 자신의 죄와 복을 알지 못하고 사십구일 동안 바보와 귀머거리처럼 지내다가, 염라대왕 앞에서 모든 업과를 따지는 심판이 있은 뒤에야 업에 따라 새로운 생을 받게 됩니다. 앞길을 알지 못하는 동안에 근심과 고통이 천만 가지인데 더구나, 모든 악도에 떨어진다면 어떠

하겠습니까.

7-12 목숨을 마친 사람이 아직 생을 받지 못하는 사십구일 동안은 모든 가족과 친척들이 복을 지어 고통에서 구해 주기를 간절히 바라다가 이 날이 지나면 자신이 지은 업에 따라 과보를 받게 됩니다. 그가 죄 많은 중생이라면 천 년, 만 년을 지나도 해탈할 날이 없을 것이며, 오무간지옥에 떨어질 큰 죄를 지어 대지옥에 떨어진다면 천 겁, 만 겁토록 온갖 고통을 받습니다.

7-13 장자여, 이런 죄업중생이 목숨을 마친 뒤에 가족과 친척이 그를 위하여 영재(營齋)를 베풀어 선업을 도와줄 때는, 재를 마치기 전이나 재를 올리는 동안 쌀뜨물이나 나물잎사귀 등을 함부로 땅에 버리지 말고 모든 음식을 부처님과 스님들께 올리기 전에 먼저 먹지 말아야 합니다. 만약 이를 어기고 먼저 먹거나 정성스럽고 정갈하게 만들지 않으면 이 망자는 복력을 얻지 못

하게 됩니다.

그러나 정성을 다하여 청정하게 만든 음식을 부처님과 스님들께 올리면 망자는 그 공덕의 칠분의 일을 얻게 됩니다.

그러므로 장자여, 염부제의 중생이 목숨을 마친 부모나 가족들을 위하여 지극한 마음으로 정성스럽고 청정하게 재를 베풀어 공양을 올리면 산 사람과 죽은 사람 모두가 이익을 얻는 것입니다."

7-14 이 말씀을 하실 때 도리천궁에 있던 천만억 나유타의 염부제 귀신들 모두가 한량없는 보리심을 발하였고 대변장자는 가르침을 받들고 기뻐하며 절하고 물러났다.

 # 제8품 염라왕들을 찬탄하다

8-1 그때 철위산에 있는 한량없는 귀왕들이 염라천
자와 함께 도리천에 와서 부처님이 계신 곳으로
모였다.

이를테면 악독귀왕, 다악귀왕, 대쟁귀왕, 백호
귀왕, 혈호귀왕, 적호귀왕, 산앙귀왕, 비신귀왕,
전광귀왕, 낭아귀왕, 천안귀왕, 담수귀왕, 부석
귀왕, 주모귀왕, 주화귀왕, 주복귀왕, 주식귀왕,
주재귀왕, 주축귀왕, 주금귀왕, 주수귀왕, 주매
귀왕, 주산귀왕, 주명귀왕, 주질귀왕, 주험귀왕,
삼목귀왕, 사목귀왕, 오목귀왕, 기리실왕, 대기
리실왕, 기리차왕, 대기리차왕, 아나타왕, 대아
나타왕 등이었다. 이들 큰 귀왕들은 각각 백천

의 작은 귀왕들을 데리고 모두 염부제에 있으면서 각자 맡은 바와 머무는 곳이 따로 있었다. 이 모든 귀왕들은 염라천자와 함께 부처님의 위신력과 지장보살의 힘을 받들어 도리천에 올라와 한 쪽에 서 있었다.

8-2 그때 염라천자가 무릎 꿇고 합장하며 부처님께 말씀드렸다.

"세존이시여,

저희들이 지금 부처님의 위신력과 지장보살마하살의 힘을 받들어 이 도리천의 큰 법회에 오게 된 것은 좋은 이익을 얻을 수 있기 때문입니다.

제가 궁금한 것이 있어 감히 세존께 여쭙나니 세존이시여, 저희를 위해 자비로써 말씀하여 주옵소서."

8-3 부처님께서 염라천자에게 말씀하셨다.

"그대는 무엇이든 물어 보라. 내 그대를 위해

말하겠노라."

8-4 이때 염라천자가 세존을 우러러 절하고 지장보살을 돌아보고는 부처님께 말씀드렸다.

"세존이시여,

제가 지장보살을 보니 육도 중에 있으면서 백천 가지 방편으로 죄고중생을 끊임없이 제도하면서 피로와 괴로움을 마다하지 않습니다.

지장보살에게 이와 같은 불가사의하고 신통한 힘이 있음에도 모든 중생은 죄보에서 벗어났다가도 오래지 않아 또 악도에 떨어집니다.

세존이시여,

지장보살에게 이와 같은 불가사의한 신력이 있음에도 어찌하여 중생들은 옳은 법에 의지하지 않아 영원한 해탈을 얻지 못하는지요?

세존이시여,

저를 위해 말씀하여 주옵소서."

8-5 부처님께서 말씀하셨다.

"남염부제의 중생들은 성품이 억세고 거칠어 다스리고 길들이기 어렵지만 지장보살은 백천 겁 동안 이와 같은 중생들을 하나하나 구제하여 해탈로 이끌고 있다.

이러한 죄인들과 큰 악도에 떨어진 중생들까지도 지장보살이 방편력으로 그들이 숙세의 일을 깨닫게 하여 근본 업연에서 구제하건만, 염부제의 중생들은 악습이 무겁게 맺혀서 구제되었다가도 금방 돌아가므로 지장보살이 오랜 겁을 지내면서 수고롭게 제도하여야 비로소 해탈하게 된다.

8-6 비유하자면, 어떤 사람이 정신이 흐려 자기 집을 잃고 헤매다가 험한 길로 잘못 들어섰는데, 거기에는 수많은 야차와 호랑이, 사자, 구렁이, 독사 따위가 있어 그 사람이 이 길에 들어서자마자 여러 악독한 짐승들과 곧 마주치게 되었다.

그때 큰 술법으로 모든 악독한 것들을 잘 막아

낼 수 있는 선지식이 있어 험한 길로 들어가려 하는 미혹한 사람에게 말하였다.

'이 가련한 사람이여, 어쩌자고 이런 길로 들어섰습니까? 그대가 무슨 기이한 술법이라도 있어서 저 모든 사나운 것들을 물리칠 수 있다는 말입니까?'

그 사람은 이 말을 듣고서야 비로소 위험을 깨닫고 곧 물러나서 그 길에서 벗어나고자 하였다.

8-7 그때 선지식이 손을 잡고 이끌어 다시 좋은 길로 인도하여 안전하게 해주고는 또 말하였다.

'딱한 사람아, 다음부터는 절대로 저 길로 가지 마시오. 저 길로 들어가면 좀처럼 벗어나기 어렵고 목숨도 잃게 됩니다.'

이 길을 잃었던 사람은 이에 감동하였다.

8-8 헤어질 때 선지식은 또 말하기를, '만약 길가는 사람을 보거든 친지거나 아니거나, 남자거나 여

자거나 간에 저 길에는 여러 가지 사납고 독한 것이 많아서 목숨을 잃는다고 말하여 그들로 하여금 죽음의 길로 들어서지 않게 하라'고 하는 것과 같다.

8-9 이렇듯 대자비를 갖춘 지장보살이 죄고중생을 구제하여 천상이나 인간으로 나게 하고 즐거움을 받도록 해주며 그들이 업보의 괴로움을 알고 악도를 벗어나 다시 그런 일을 겪지 않게 하는 것은, 저 길 잃은 사람이 험한 길로 잘못 들어갔을 때 선지식을 만나 구출되어 다시는 그런 곳에 빠져들지 않는 것과 같다. 또 다른 사람을 만나면 들어가지 말도록 권하며 스스로 말하기를, '이 미혹으로 인하여 도리어 해탈을 얻었으니 다시는 들어가지 않으리라.'고 한다.

8-10 그러나 여전히 어리석은 사람은 예전에 빠졌던 험한 길임을 모르고 또다시 그 길을 밟아 목숨을 잃어 악도에 떨어지기도 한다. 이처럼 지

장보살은 악도에 떨어진 중생들을 방편의 힘으로 구제하여 인간이나 천상에 나게 하건만, 저들이 다시 악도로 들어가는 것은 악업을 무겁게 맺은 탓이니, 길이 지옥에 **빠져** 해탈할 때가 없다.”

8-11 그때 악독귀왕이 합장 공경하고 부처님께 말씀 드렸다.

“세존이시여,

한량없이 많은 저희들 모든 귀왕이 염부제에 있으면서 사람들에게 이익을 주기도 하고 손해를 끼치기도 하는 것이 각각 서로 다른 것은 업보가 다르기 때문입니다.

저희 권속들이 여러 세계를 다녀보면 악함이 많고 선함은 적습니다. 저희가 사람의 가정이나 도시, 마을, 장원, 건물을 지나다가 어떤 남자나 여인이 티끌만큼이라도 착한 일을 하거나, 삼보를 찬양하는 깃발이나 일산을 하나라도 달거나, 약간의 향과 꽃을 불상이나 보살상 앞에 올리거나, 존중한 경전을 독송하면서 한 글귀, 한 게송에라도 향을 사르며 공양하는 것만 보아도 저희 귀왕들은 이 사람을 과거, 현재, 미래의 부처님 같이 공경[敬禮]하겠습니다.

또 큰 힘이 있거나 토지를 맡은 작은 귀신들이 이들을 보호하게 하여 나쁜 일, 횡액, 몹쓸 병이나 마음에 맞지 않은 일들이 이 사람의 집 근처에서는 일어나지 않게 하겠거늘 하물며 그런 것이 그 집안으로 들어가게 하겠습니까."

8-12 부처님께서 귀왕을 칭찬하셨다.

"훌륭하도다. 그대들과 염라천자가 그처럼 선남자 선여인을 보호하니 나도 범천왕과 제석천왕에 일러 그대들을 지키고 돕게 하겠노라."

8-13 이 말씀을 하실 때 법회 중에 있던 주명귀왕이 부처님께 말씀드렸다.

"세존이시여,

저는 본래의 업연으로 염부제 사람의 수명을 맡아 태어나고 죽음을 모두 관장하옵니다.

저의 본원은 중생을 크게 이롭게 하려는 것이지만, 중생들은 제 뜻을 알지 못하여 나고 죽음에 편안하지 못합니다.

8-14 이 염부제에 아기가 태어날 때, 남자거나 여자거나 집안사람들이 착한 일을 하면 집안이 더 이롭게 되고 토지신이 한없이 기뻐하여서 아기와 산모를 보호하고 큰 안락을 얻게 하며 가족들도 이롭게 합니다.

8-15 아기를 낳은 뒤에는 살생하지 말아야 하지만 중생들은 여러 가지 비린 것을 산모에게 먹이고 가족 친척들이 모여 술을 마시고 고기를 먹으며, 노래를 부르고 풍악을 울리며 즐긴다면 산모와 아기가 편안함과 즐거움을 얻지 못하게 됩니다.

왜냐하면, 해산할 때면 수없이 많은 악귀와 도

깨비들이 비린내 나는 피를 먹으려 하기 때문입니다. 그러므로 제가 미리 집안의 토지신들이 산모와 아기를 잘 보호하여 편안하게 해주도록 합니다.

사람들은 마땅히 이에 감사하고 복을 베풀어 모든 토지신들에게 보답해야 함에도 도리어 살생하여 잔치를 벌이니, 이는 스스로 재앙을 불러 아기와 산모를 함께 해치게 됩니다.

8-16 또 저는 염부제에서 임종하는 사람이면 모두 선악을 묻지 않고 악도에 떨어지지 않게 하려고 애를 쓰고 있사온데, 하물며 스스로 선근을 닦아서 제 힘을 도와주는 사람은 어떠하겠습니까.

이 염부제에서는 선행을 한 사람들도 임종할 때에는 역시 백천이나 되는 악도의 귀신들이 부모나 가족의 형상으로 둔갑하여 나타나 망인을 이끌어 악도에 빠지게 하거늘, 하물며 본래부터 악업을 지어온 자는 어찌 되겠습니까.

8-17 세존이시여,

이와 같이 염부제의 남자나 여인이 임종할 때에는 정신이 아득해져서 선악을 분간하지 못하고 눈과 귀로 볼 수도 들을 수도 없습니다. 이 때 망인의 가족들이 큰 공양을 베풀고 존중한 경을 읽으며 부처님과 보살의 명호를 염불하면, 이러한 좋은 인연으로 망인이 모든 악도에서 벗어나게 하고 모든 마귀와 귀신을 흩어지고 물러가게 합니다.

8-18 세존이시여,

제가 살펴보아 어떤 중생이든 임종할 때 한 부처님의 명호나 한 보살의 명호, 대승경전의 한 구절이나 한 게송이라도 듣는다면 이러한 사람들은 오무간지옥에 떨어질 살생죄를 제외한 작은 악업으로 악도에 떨어질 자는 모두 해탈을 얻게 하겠습니다.”

8-19 부처님께서 주명귀왕에게 말씀하셨다.

"그대가 대자비로 큰 원을 세워 남과 죽음을 맞는 모든 중생을 보호하니, 미래세에 남녀중생이 나고 죽을 때 그대는 이 서원에서 물러서지 말고 모두를 해탈시켜 길이 안락을 얻도록 하라."

8-20 귀왕이 부처님께 말씀드렸다.

"원컨대, 염려하지 마옵소서. 저는 이 몸이 다 하도록 생각 생각마다 염부제의 중생들을 보호하여 날 때나 죽을 때 모두 안락을 얻게 하겠습니다.

다만 저는 모든 중생들이 나고 죽을 때에 제 말을 믿고 받아들여 모두가 해탈을 얻고 큰 이익을 얻기를 바랍니다."

8-21 그때 부처님께서 지장보살에게 말씀하셨다.

"이 주명귀왕은 과거 백천 생을 대귀왕으로 지내며 중생을 나고 죽음 속에서 보호하고 있으니, 이는 보살이 자비원력으로 대귀왕의 몸을 나타낸 것이지 실은 귀왕이 아니다. 앞으로 백 칠십 겁 뒤에 성불할 것이니, 명호는 '무상여래' 이고, 겁의 이름은 '안락' 이며, 세계의 이름은 '정주' 라 하고, 그 부처님의 수명은 헤아릴 수 없는 겁이 될 것이다.

지장보살마하살이여, 이 대귀왕의 일은 이렇게 불가사의하고 그가 제도하는 하늘과 사람들 또한 헤아릴 수가 없을 것이다."

제9품 부처님의 명호를 부르면

9-1 그때 지장보살마하살이 부처님께 말씀드렸다.

"세존이시여, 저는 지금 미래 중생들에게 이익되는 일을 말하여 그들이 나고 죽는 가운데에서 큰 이익을 얻도록 할까 하오니 세존께서는 저의 말씀을 들어 주옵소서."

9-2 부처님께서 말씀하셨다.

"그대가 자비심을 일으켜 육도의 모든 죄고중생을 구제하고자 불가사의한 일을 말하려 하니, 어서 말하라.

나는 곧 열반에 들 것이니 그대가 그 원을 모두 이루면 나도 또한 현재와 미래의 모든 중생에게 근심이 없을 것이다."

9-3 지장보살이 부처님께 말씀드렸다.

"세존이시여, 한량없는 아승기겁의 과거에 '무변신여래'라는 부처님께서 세상에 나오셨습니다. 남자나 여자가 이 부처님의 명호를 듣고 잠깐이라도 공경심을 내면, 곧 사십 겁의 생사중죄를 뛰어넘을 것이며, 그 부처님의 형상을 조성하거나 탱화로 모시고 공양, 찬탄하는 사람은 한량없고 끝이 없는 복을 얻을 것입니다.

9-4 또 항하의 모래알처럼 많은 겁의 과거에 '보승여래'라는 부처님께서 세상에 나오셨습니다. 남자나 여인이 이 부처님의 명호를 듣고 손가락 한 번 튕길 동안만이라도 귀의하는 마음을 낸다면 이 사람은 위없는 도에서 물러나지 않을 것입니다.

9-5 또 과거에 '파두마승여래'라는 부처님께서 세상에 나오셨습니다. 남자나 여인이 이 부처님의 명호를 들어 귀를 스치기만 해도 이 사람은 천

번을 육욕천 가운데 나거늘 하물며 지극한 마음으로 염불하면 어찌 되겠습니까.

9-6 또 말할 수 없는 아승기겁의 과거에 '사자후여래'라는 부처님께서 세상에 나오셨습니다. 남자나 여인이 이 부처님의 명호를 듣고 일념으로 귀의하면 이 사람은 한량없는 모든 부처님의 마정수기를 받을 것입니다.

9-7 또 과거에 '구류손불'이라는 부처님께서 세상에 나오셨습니다. 남자나 여인이 이 부처님의 명호를 듣고 지극한 마음으로 우러러 예배하거나 찬탄하면 이 사람은 현겁의 천 불 모임 중에 대범왕이 되어서 으뜸가는 수기를 받을 것입니다.

9-8 또 과거에 '비바시불'이라는 부처님께서 세상에 나오셨습니다. 남자나 여인이 이 부처님의 명호를 들으면 영원히 악도에 떨어지지 않고 항상 인간이나 천상에 나서 빼어난 즐거움을 받을 것입니다.

9-9 또 한량없고 셀 수 없는 항하사처럼 많은 겁의 과거에 '다보여래'라는 부처님께서 세상에 나오셨습니다. 남자나 여인이 이 부처님의 이름을 듣게 되면 끝내 악도에 떨어지지 않고 항상 천상에서 빼어난 즐거움을 받을 것입니다.

9-10 또 과거에 '보상여래'라는 부처님께서 세상에 나오셨습니다. 남자나 여인이 이 부처님의 명호를 듣고 공경심을 내면 이 사람은 오래지 않아서 아라한과를 얻을 것입니다.

9-11 또 무량 아승기겁의 과거에 '가사당여래'라는 부처님께서 세상에 나오셨습니다. 남자나 여인이 이 부처님의 명호를 들으면 일백 대겁의 나고 죽는 죄를 벗어날 것입니다.

9-12 또 과거에 '대통산왕여래'라는 부처님께서 세상에 나오셨습니다. 남자나 여인이 이 부처님의 명호를 듣는다면 이 사람은 항하사처럼 많은 부처님을 만나 설법하심을 듣고 반드시 보리를

이룰 것입니다.

9-13 또 과거에 '정월불', '산왕불', '지승불', '정명왕불', '지성취불', '무상불', '묘성불', '만월불', '월면불'과 같이 말할 수도 없이 많은 부처님께서 계셨습니다.

9-14 세존이시여, 현재나 미래의 천인, 남자, 여인을 막론한 모든 중생이 한 부처님의 명호만을 불러도 그 공덕이 한량없거늘, 하물며 많은 부처님의 명호를 생각하고 부른다면 그 공덕이 얼마나 많겠습니까. 이러한 중생들은 살아 있을 때나 죽은 뒤나 스스로 큰 이익을 얻어 끝까지 악도에 떨어지지 않을 것입니다.

9-15 또 임종하는 사람의 집안 가족들 중에서 한 사람이라도 병자를 위하여 한 부처님의 명호만 소리 높여 염불하여도 이 목숨을 마치는 사람의 업보는 오무간지옥에 떨어질 큰 죄만 아니면 모두 소멸됩니다. 그러나 오무간지옥대죄가 비

록 지극히 무거워 억겁을 지나도 도저히 벗어날 수 없는 것이지만, 이 사람이 임종할 때 다른 사람이 그를 위하여 부처님의 명호를 염불하여 주면 그 공덕에 힘입어 이 무거운 죄업이 점점 소멸될 것입니다. 그런데 하물며 그 중생 스스로 염불하는 것이야 어떻겠습니까. 한량없는 복을 얻어 한량없는 죄가 소멸될 것입니다."

제10품 보시 공덕을 헤아리다

10-1 그때 지장보살마하살이 부처님의 위신력을 받들어 자리에서 일어나 무릎 꿇고 합장하며 부처님께 말씀드렸다.

"세존이시여, 제가 업도중생의 보시 공덕을 헤아려보니 가벼운 것과 무거운 것이 있어, 한 생만 복을 받는 것이 있고 열 생 동안 복을 받는 것도 있으며 백 생, 천 생토록 큰 복을 받는 것도 있는데 이는 어떤 까닭입니까?

세존이시여, 저에게 말씀하여 주옵소서."

10-2 부처님께서 지장보살에게 말씀하셨다.

"내가 지금 도리천궁에 모인 모든 대중들에게 염부제의 보시 공덕의 가벼움과 무거움을 헤아려 그대에게 설하니 그대는 자세히 듣도록 하라."

10-3 지장보살이 부처님께 말씀드렸다.

"저는 그것이 궁금하였는데 듣게 되어 기쁩니다."

10-4 부처님께서 말씀하셨다.

"남염부제의 국왕, 재상, 대신, 대장자, 대찰리, 대바라문 등이 가장 빈궁한 자나 꼽추, 벙어리, 귀머거리, 장님과 같은 여러 장애인을 만나 보시하고자 할 때, 큰 자비심과 겸손한 마음으로 미소를 지으면서 직접 베풀거나 혹은 사람을 시켜 베풀며 부드러운 말로 위로한다면, 이때 얻는 복과 이익은 백 개의 항하에 있는 모래알처럼 많은 부처님께 보시한 공덕만큼이나 될 것이다. 왜냐하면 이는 높고 귀한 자리에 있는 이들이 가장 빈천한 이들과 장애인들에게 큰 자비심을 낸 까닭이니, 이들이 얻는 복과 이익은 백천

생 동안 항상 칠보가 구족할 것이거늘 하물며 입고 먹을 것이 부족하겠는가.

10-5 지장보살이여, 미래세에 국왕이나 바라문 등이 불탑이나 절에 가서 부처님의 상이나 보살, 성문, 벽지불 등의 상에 스스로 마련하여 공양을 올리고 보시하면 이들은 세 겁 동안 제석천왕이 되어 빼어난 즐거움을 받을 것이다. 만약, 보시한 복과 이익을 법계에 회향한다면 이들은 열 겁 동안 항상 대범천왕이 될 것이다.

10-6 지장보살이여, 미래세에 국왕이나 바라문 등이 허물어지고 파괴된 불탑이나 절 또는 경전이나 불상을 보고 발심하여 보수하되, 스스로 마련하거나 다른 사람에게 권하여 수많은 사람에게 보시 인연을 맺어주면, 이들은 백천 생 동안 항상 전륜성왕이 되고,

10-7 함께 보시한 다른 사람들은 백천 생 동안 항상 작은 나라의 왕이 될 것이다. 또 탑묘의 앞

에서 회향하는 마음을 낸다면 이들은 모두 불도를 이루리니, 이로 인한 과보는 한량없고 끝이 없다.

10-8 지장보살이여, 미래세에 모든 국왕이나 바라문 등이 늙고 병든 이나 해산하는 여인을 보고 잠깐이라도 큰 자비심을 내어 의약, 음식, 침구 등을 보시하여 편안하게 해주면 이로 인한 복과 이익은 가장 커서, 일백 겁 동안은 언제나 정거천주가 되고, 다시 이백 겁 동안은 항상 육욕천주가 되며, 오래도록 악도에 떨어지지 않아 백천 생 동안 괴로운 소리를 듣지 않고 마침내는 불도를 성취하게 될 것이다.

10-9 지장보살이여, 미래세에 국왕이나 바라문 등이 이와 같이 보시하면 한량없는 복을 얻고, 다시 법계에 회향하면 보시의 많고 적음에 관계없이 필경에는 부처를 이루거늘, 하물며 제석천왕, 범천왕, 전륜왕이 되는 과보뿐이겠는가. 그러므

로 지장보살이여, 중생들이 이와 같은 보시를 배워서 널리 권하도록 하라.

10-10 지장보살이여, 미래세에 선남자 선여인이 불법 중에서 털끝이나 먼지만큼의 작은 선근을 심어도 받는 복과 이익은 비유도 할 수 없이 많다.

10-11 지장보살이여, 미래세에 선남자 선여인이 부처님이나 보살, 벽지불 또는 전륜왕 상을 보고 보시하고 공양을 올리면 한량없는 복을 얻어 항상 인간과 천상에서 빼어난 즐거움을 받으며, 만일 법계에 회향한다면 이 사람의 복과 이익은 비유할 수 없이 많을 것이다.

10-12 지장보살이여, 미래세에 선남자 선여인이 대승 경전의 한 게송이나 한 구절이라도 듣고 소중한 마음을 내어 찬탄, 공경, 보시, 공양을 올리면 이 사람은 한량없는 큰 과보를 얻을 것이며 또 법계에 회향한다면 그 복은 비유할 수 없이 많을 것이다.

10-13 지장보살이여, 미래세에 선남자 선여인이 오래 되어 헐고 부서진 불탑이나 절, 대승경전을 만나 새롭게 보수 관리하되 혼자서 마음을 내거나 남에게 권하여 함께 마음을 내어 예배 찬탄하고, 공경 합장하며, 보시 공양을 올리면 이들은 삼십 생 동안 항상 작은 나라의 왕이 될 것이며, 인연을 맺어준 사람은 항상 전륜성왕이 되어 좋은 법으로 여러 작은 나라의 왕들을 교화하게 될 것이다.

10-14 지장보살이여, 미래세에 선남자 선여인이 불법 중에서 선근을 심어 공양을 올려 보시하거나, 탑이나 절을 보수하거나, 경전을 잘 엮어 관리하는 등 털 하나, 티끌 한 톨, 모래 한 알, 물 한 방울만큼의 착한 일이라도 법계에 회향한다면 이 사람은 지은 공덕으로 백천 생 동안 으뜸가는 즐거움을 받을 것이다. 하지만 자기 집의 가족이나 자신만의 이익을 위한 것으로 돌린다

면 이러한 과보는 곧 삼생의 즐거움뿐이어서 만에서 하나를 얻는 것이 된다. 지장보살이여, 보시의 인연 공덕은 이러하도다."

제11품 지신들이 불법을 보호하다

11-1 그때 견뢰지신이 부처님께 말씀드렸다.

"세존이시여, 저는 예전부터 한량없이 많은 보살을 뵙고 예배하였는데, 모두가 불가사의한 신통력과 지혜로 널리 중생을 제도하지만, 지장보살마하살은 다른 보살들보다 서원이 더 심오하고 중대합니다.

11-2 세존이시여, 지장보살은 염부제에 큰 인연이 있습니다. 문수, 보현, 관음, 미륵보살은 백천 가지 몸으로 육도의 중생을 제도하면서 그 서원은 끝이 있으나, 지장보살은 육도의 모든 중생을 교화하고자 서원을 세운 겁의 수가 백천억 항하의 모래알만큼이나 많습니다.

11-3 세존이시여, 제가 살펴보니 미래와 현재의 중생이 살고 있는 곳의 남쪽 청결한 곳에 흙이나 돌, 대나무, 나무로 감실을 만들고 거기에 지장보살의 탱화나 금이나 은, 동, 철로 형상을 조성하여 모시고 향을 피워 공양하며 예배 찬탄하면, 이 사람이 사는 곳에서 열 가지 이익을 얻을 것입니다.

11-4 그 열 가지란,

첫째, 토지마다 풍년들고

둘째, 집안안팎 편안하고

셋째, 조상님들 천상가고

넷째, 현존가족 수명늘고

다섯째, 구하는것 다이루고

여섯째, 수재화재 없어지고

일곱째, 재물손실 전혀없고

여덟째, 나쁜꿈들 사라지고

아홉째, 들고날때 선신보호

열째, 인연마다 거룩하네

11-5 세존이시여,

미래세나 현세의 중생이 사는 곳에서 지장보살에게 이렇게 공양을 올리면 이와 같은 이익을 얻습니다."

11-6 견뢰지신이 또 말씀드렸다.

"세존이시여,

미래세에 선남자 선여인이 사는 곳에서 이 경전과 보살의 형상을 모시고 경전을 독송하며 보살께 공양을 올리면, 제가 본신력으로 항상 이 사람을 보호하여 물, 불, 도둑 따위의 크고 작은 횡액과 온갖 나쁜 일을 모두 소멸시키겠습니다."

11-7 부처님께서 견뢰지신에게 말씀하셨다.

"견뢰여, 그대의 큰 신력은 모든 신들이 따르기 어렵구나. 왜냐하면 그대가 염부제의 토지를 모두 지키고 있고 초목과 모래, 돌, 곡식, 보배 등도 땅에 의지하여 있는 것이니 모두가 그대의 힘을 입기 때문이다. 또 그대가 지장보살의 이익에 대하여 그렇게 찬탄하니 그 공덕으로 그대의 신통력은 저 보통 지신들보다 백천 배나 더하게 되었다.

11-8 미래세에 선남자 선여인이 지장보살에게 공양을 올리고 이 경을 독송하며 '지장보살본원경'에 따라 한 가지라도 실천한다면, 그대가 본신력으로 보호하여 온갖 재해와 뜻대로 되지 않은 일이 들리지도 않게 할 것인데 하물며 피해를 입는 일이 있겠는가.

11-9 그리고 유독 그대만 그 사람을 보호하는 것이 아니라 제석천과 범천의 권속들과 제천의 권속들도 또한 그 사람을 보호한다. 이러한 성현의 보호를 받는 까닭은 지장보살상에 예배하고 이 지장보살본원경을 독송하는 공덕 때문이니, 그 사람은 큰 보호를 받아 마침내 고해를 벗어나 열반락을 얻게 된다."

제12품 보고 듣는 이익

12-1 그때 부처님께서 정수리 위에서 백천만억의 대호상광을 내시니 이른바, 백호상광, 대백호상광, 서호상광, 대서호상광, 옥호상광, 대옥호상광, 자호상광, 대자호상광, 청호상광, 대청호상광, 벽호상광, 대벽호상광, 홍호상광, 대홍호상광, 녹호상광, 대녹호상광, 금호상광, 대금호상광, 경운호상광, 대경운호상광, 천륜호광, 대천륜호광, 보륜호광, 대보륜호광, 일륜호광, 대일륜호광, 월륜호광, 대월륜호광, 궁전호광, 대궁전호광, 해운호광, 대해운호광이었다. 정수리 위에서 이런 호상광을 내시고는 미묘한 음성으로 천룡팔부, 사람, 사람 아닌 모든 대중에게 말씀

하셨다.

12-2 "들으라. 내가 오늘 이 도리천궁에서 지장보살이 인간과 천상을 이익되게 하는 불가사의한 일, 뛰어나게 성스러운 인연의 일들, 십지를 증득하여 마침내 아누다라삼먁삼보리에서 물러나지 않는 일에 대하여 드날려서 찬탄하겠노라."

12-3 이 말씀을 하실 때 법회 중에 있던 관세음보살이 자리에서 일어나서 무릎을 꿇고 합장하며 부처님께 말씀드렸다.

12-4 "세존이시여, 지장보살마하살은 대자비를 갖추고 죄고중생을 불쌍히 여겨 온갖 공덕과 불가사의한 위신력으로 천만억 세계에서 천만억의 몸을 나툽니다. 저는 세존께서 시방의 한량없는 모든 부처님들이 한 목소리로, 과거, 현재, 미래의 모든 부처님께서 지장보살의 공덕을 말씀하셔도 다 못하실 정도라고 찬탄하심을 들었

습니다. 앞서 세존께서 대중에게 말씀하시기를, '지장보살의 이익에 관한 일을 찬탄하여 말씀하고자 한다.'고 하셨으니 세존이시여, 현재와 미래의 모든 중생을 위하여 지장보살의 불가사의한 일을 말씀하셔서 천룡팔부들이 예배하고 복을 얻게 하여 주기를 원하옵니다."

12-5 부처님께서 관세음보살에게 말씀하셨다.

"그대는 사바세계에 큰 인연이 있어서 하늘이나 용, 남자, 여자, 신, 귀신들과 육도의 죄고중생까지도 그대의 이름을 듣거나 그대의 형상을 보거나 그대를 연모하거나 그대를 찬탄하면 이 중생들은 모두 위없는 최상의 깨달음에서 물러나지 않고 항상 인간이나 천상에서 빼어난 즐거움을 받으며 장차 인과가 성숙하면 부처님의 수기를 받게 된다. 그대가 지금 대자비로써 중생과 천룡팔부들을 가엾이 여겨 내가 지장보살이 천상과 인간들에게 베푸는 불가사의한 이익에 대해 말하는 것을 듣고자 하니 그대는 잘 들으라. 내가 이제 말하겠노라."

12-6 관세음보살이 말씀드렸다.

"그렇습니다. 세존이시여, 기쁘게 듣겠나이다."

12-7 부처님께서 말씀하셨다.

"현재와 미래 세계의 천인이 받은 천복이 다하여 오쇠상이 나타나거나 장차 악도에 떨어지게 되었을 때, 이러한 천인이 남자든 여자든 간에 지장보살상을 보거나, 명호를 듣고 한 번 예배하고 한 번 절만 하여도 다시 천복이 더하여 큰 즐거움을 받게 되며 길이 삼악도의 업보를 겪지 않으리니, 지장보살에게 향, 꽃, 의복, 음식, 보배, 영락 등으로 보시하고 공양함은 어떠하겠는가. 그리하여 얻는 공덕과 이익은 한량없고 끝이 없을 것이다.

12-8 관세음보살이여, 현재나 미래의 모든 세계에서 육도중생이 목숨을 마치려 할 때 지장보살의

명호를 들려주어 그 한 소리라도 귀에 들어가게
하면 그 중생은 길이 삼악도의 고초를 겪지 않
으리니,

12-9 하물며 임종 시에 부모나 가족들이 그 죽는 사
람의 집, 재물, 보배, 의복 등을 팔아 지장보살
상을 조성하거나 그린다면 어떠하겠는가. 혹 병
든 사람이 목숨을 마치기 전에 지장보살상을
눈으로 보게 하고 명호를 귀로 듣게 하고,

12-10 바른 길을 아는 가족들이 집과 보배 등을 팔
아 그를 위해 지장보살상을 조성하거나 그린다
면 그 사람이 업보로 중병을 앓더라도 이 공덕
으로 병이 낫고 수명이 연장될 것이다. 목숨이
다한 사람이 그동안의 죄업으로 악도에 떨어지
게 되더라도 이 공덕으로 죽은 뒤에 모든 죄와
업장이 소멸되어 곧 인간이나 천상에 나서 빼어
난 즐거움을 받을 것이다.

12-11 관세음보살이여, 미래세에 어느 남자나 여인이

젖먹이 때나 세 살이나 다섯 살, 열 살이 되기 전에 부모와 형제자매를 잃은 후 장성하여 그 부모나 가족들을 생각하고 그리워하여 어느 곳에 떨어졌는지, 어느 세계에 났는지, 어느 하늘에 났는지 모르거든 지장보살상을 조성하거나 그리고 명호를 부르게 하라. 첫날부터 이레가 되도록 처음 일으킨 마음을 잃지 않고 한 번 예배하고 한 번 절하게 하라. 지장보살상을 보고 명호를 부르며 예배하고 공양하면, 이 사람의 가족들이 스스로 지은 업으로 악도에 떨어져서 몇 겁을 지내야 할지라도 이 사람이 지장보살상을 조성하고 그리고 예배한 공덕으로 해탈을 얻어서 인간이나 하늘에 나서 빼어난 즐거움을 얻을 것이다.

그리고 이 사람의 가족들에게 복력이 있어서 이미 인간이나 하늘에 나서 빼어난 즐거움을 받고 있다면 이 공덕으로 성스러운 인연이 더욱 늘어나 한량없는 즐거움을 받을 것이다.

12-12 이 사람이 다시 이십일 일 동안 일심으로 지장
보살상에 예배하고 명호를 만 번 염불하면 보
살이 끝없는 몸으로 나타나 그 가족이 난 곳을
알려주거나 꿈에 보살이 나타나 대신통력으로
친히 이 사람을 그 가족들이 있는 세계로 데려
가 보여 줄 것이다.

12-13 또 매일 지장보살의 명호를 천 번씩 염불하여
천 일에 이르면 지장보살은 그가 사는 곳의 토
지신을 시켜 종신토록 돌보게 하여 현세에서
입고 먹을 것이 풍족해지고 모든 질병과 고통
이 없어지며 어떠한 횡액도 그의 집 문에조차
들어가지 못하게 될 것이니 어찌 그 몸에 미치
겠는가. 그리고 마침내 이 사람은 지장보살의
마정수기를 받게 된다.

12-14 관세음보살이여, 미래세에 선남자 선여인이 광
대한 자비심을 내어 모든 중생을 제도하고자 하

거나, 위없는 보리심을 닦고자 하거나, 삼계의 고통에서 벗어나고자 하면 지장보살상을 보고 명호를 듣고 지극한 마음으로 귀의하여 향, 꽃, 의복, 보배, 음식 등으로 공양을 올리고 예배해야 한다. 그러면 이 선남자 선여인은 소원이 속히 이루어지고 영원히 장애가 없을 것이다.

12-15 관세음보살이여, 미래세에 선남자 선여인이 현재와 미래에 백천만억의 소원과 백천만억의 일을 이루고자 하거든 지장보살에게 귀의하고 지장보살상에 예배하며 공양을 올리고 찬탄하면 원하는 것과 구하는 것이 모두 성취될 것이다. 또 지장보살이 대자비로써 영원히 자신을 지켜주기를 원한다면 이 사람은 꿈에서 지장보살의 마정수기를 받을 것이다.

12-16 관세음보살이여, 미래세에 선남자 선여인이 대승경전을 깊이 존중하는 마음과 지극한 믿음을 내어 읽고 외우고자 하건만 밝은 스승의 가르

침을 받아도 읽은 것을 금방 잊어버리고 달이 가고 해가 지나도 독송하지 못하는 것은 이 사람의 묵은 업장이 아직도 소멸되지 않아 대승 경전을 독송할 성품이 없기 때문이다.

12-17 이러한 사람은 지장보살의 명호를 듣고 지장보살상을 보고 정성을 다하여 공경스럽게 이 사실을 사뢰고 향, 꽃, 의복, 음식과 여러 가지 진귀한 것으로 지장보살에게 공양을 올려야 한다. 깨끗한 물 한 그릇을 하루 낮 하루 밤 동안 지장보살상 앞에 올렸다가 합장하고 물을 마시겠다고 청한 다음 마시되, 머리를 남쪽으로 향하고 지극히 정성스런 마음으로 입에 대야 한다. 마시고 나서는 칠 일이나 이십일 일 동안 오신채와 술, 고기를 먹지 않고 사음, 망어와 모든 살생을 삼가면 이 선남자 선여인의 꿈에 지장보살이 끝없는 몸으로 나타나 관정수기를 줄 것이다. 이 꿈을 깨면 곧 총명을 얻어서 경전을 한

번만 읽고 들어도 길이 기억하여 한 글귀 한 게
송도 오랫동안 잊지 않게 될 것이다.

12-18 관세음보살이여, 미래세에 의복과 음식이 부족
하여 구하여도 뜻대로 안 되거나, 병이 많고 흉
쇠한 일이 많아서 집안이 불안하고 가족이 흩
어지거나, 어긋나는 일이 많이 닥쳐서 몸이 괴
롭거나, 꿈에서 놀랍고 두려운 일이 많은 사람
이라면 지장보살의 명호를 듣고 지장보살상을
보며 지극한 마음으로 공경하고 만 번을 염불
하면, 이 모든 좋지 않은 일이 점점 없어지고
안락함을 얻으며 먹고 입는 것이 풍족하여지고
꿈도 편안해질 것이다.

12-19 관세음보살이여, 미래세에 선남자 선여인이 생
업 때문이거나, 공적인 일이거나, 사적인 일이거
나, 나고 죽는 일이거나, 급한 일 때문에 산이
나 숲 속에 들어가거나, 강이나 바다 같은 큰물
을 건너거나, 험한 길을 지날 때 먼저 지장보살

의 명호를 만 번 염불하면, 그가 지나는 곳마다 토지신이 보호하여, 다니고 머물고 앉고 눕는 모든 일이 언제나 편안할 것이며 호랑이, 늑대, 사자 따위의 온갖 독하고 해로운 것을 만나더라도 해를 입지 않게 될 것이다."

12-20 부처님께서 관세음보살에게 말씀하셨다.

"지장보살은 염부제에 큰 인연이 있으니 중생들이 지장보살상을 보고 명호를 들어 이익이 되는 모든 일들을 말하자면 백천 겁 동안을 말하여도 다 할 수 없을 것이다. 그러므로 관세음보살이여, 그대는 신력으로 이 경전을 유포하여 사바세계의 중생으로 하여금 백천만 겁 토록 길이 안락을 누리게 하라."

12-21 세존께서 거듭하여 게송으로 설하셨다.

"내가 이제 지장보살 위신력을 관하건대
항하사겁 찬탄해도 다 말하지 못하리라.
보고 듣고 예배하는 한생각의 공덕에도

한량없는 이익주어 인간천상 도우시네.
남자거나 여자거나 혹은어떤 용과신들
지은복덕 다하여서 삼악도에 떨어질때
지극하온 마음으로 지장님전 귀의하면
목숨들은 늘어나고 죄와업장 없어지네
어릴때에 부모잃고 형제자매 친척잃고
자란뒤에 그들혼신 가신곳을 모를때에
지장보살 그모습을 그리거나 조성하여
잠시라도 놓지않고 우러러서 예배하며
이십일일 기간동안 그이름을 외우면은
지장보살 끝없는몸 그자리에 나투시네
그권속들 나신곳을 두루두루 보여주고
삼악도에 있더라도 그즉시에 건져주네
처음마음 잊지않고 물러나지 아니하면
그즉시에 거룩하신 마정수기 얻게되네.
더위없는 보리심을 수행하기 원하거나
삼계고통 벗어나는 출리심을 발했거든

이사람은 모름지기 대비심을 발하여서
지장보살 거룩한몸 우러러서 예배하라.
일체모든 서원들은 하루속히 이뤄지고
영원토록 모든업장 없어지고 멈춰지네.
어떤사람 발심하여 이경전을 염송하고
어리석은 중생들을 제도하려 하였으나
비록능히 불가사의 거룩한원 세웠건만
금방읽고 금방잊어 기억하지 못한다면
이사람은 과거세에 지은업장 미혹으로
거룩하신 대승경전 공부하기 어려우니
향과꽃과 옷과음식 여러가지 장엄구를
지장보살 대성님께 지극정성 공양하고
청정한물 한잔떠서 지장님전 올려놓고
하루밤낮 지난뒤에 청정수를 마실때에
정중한맘 몸가짐을 온전하게 갖추어서
오신채와 술과고기 일체먹지 말것이고
사음망어 살생등의 오계범계 하지말며

이십일일 지장보살 지성으로 염불하면

꿈속에서 지장보살 무변신을 볼것이며

깨어서는 문득총명 두루두루 얻으리라.

그런뒤에 경전구절 귓가에만 스쳐가도

천만생을 지내어도 결코잊음 없으리라.

이모두는 불가사의 지장보살 위신력이

이사람에 그와같은 큰지혜를 줌이니라.

가난하고 병이많은 살기힘든 중생들의

집안들이 흉쇠하여 가족들은 흩어지고

꿈자리도 뒤숭생숭 모두모두 불안하고

구하는것 마음대로 전혀되지 아니될때

지성으로 지장보살 우러러서 예배하면

사나운일 온갖고통 모두모두 없어지고

호법선신 착한신들 이사람을 보호하사

꿈자리도 편안하고 의복음식 풍족하리.

험한산과 거친바다 피치못해 갈때라도

악한짐승 나쁜사람 그소굴에 들더라도

악신들과 악귀들과 험악하온 바람같은
온갖고난 어려움이 널리펼쳐 있더라도
불가사의 지장보살 거룩하온 형상앞에
미리미리 예배하고 공양하고 기도하면
그어떠한 험한산과 거친바다 속에서도
나쁜것과 힘드는일 길이길이 사라지리.
사바세계 제일인연 관음보살 잘들으라.
헤아릴수 없이많은 지장보살 그공덕은
백천만겁 말하여도 다말할수 없으리니
관음이여 이사실을 널리널리 알려주라.
불가사의 지장보살 그명호를 듣고보고
지장보살 그형상을 우러러서 예배하며
향과꽃과 옷과음식 두루두루 공양하면
백천생에 그지없는 즐거움을 받으리라.
만약능히 이공덕을 온법계에 회향하면
필경에는 성불하여 생사고해 넘으리니
그러므로 사바세계 제일인연 관음이여,

항하사의 국토들에 널리일러 줄지니라.

제13품 사람과 하늘을 부촉하시다

13-1 그때, 세존께서 금빛 팔을 들어 지장보살마하살의 이마를 어루만지면서 말씀하셨다.

13-2 "지장보살이여,

그대의 신력(神力)은 불가사의하도다.

그대의 자비(慈悲)는 불가사의하도다.

그대의 지혜(智慧)는 불가사의하도다.

그대의 변재(辯才)는 불가사의하도다.

시방의 모든 부처님께서 그대의 그 불가사의한 공덕을 천만 겁 동안 찬탄하셔도 다 할 수 없을 것이다.

13-3 지장보살이여, 내가 오늘 백천만억의 이루 말할 수 없이 많은 모든 불보살과 천룡팔부가 모

인 이 도리천궁 큰 법회에서 불난 집과 같은 삼계를 벗어나지 못한 모든 인천(人天)의 중생들을 그대에게 부촉하노라. 하루라도 악도에 떨어지는 중생이 없게 해야 할 것인데, 더군다나 오무간지옥이나 아비지옥 같은 곳에 떨어져서 영겁토록 나올 기약이 없게 해서야 되겠는가.

13-4 지장보살이여, 남염부제의 중생은 뜻과 성품이 정해진 바가 없지만 악을 익힌 자가 많고, 비록 착한 마음을 내더라도 곧 물러서며, 악한 인연을 만난다면 생각 생각에 악이 늘어난다. 그러므로 내가 이 몸을 백 천억으로 나투어 중생의 근기와 성품을 따라서 교화하고 제도하며 해탈시키는 것이다.

13-5 지장보살이여, 내가 이제 하늘과 인간의 무리들을 그대에게 간곡히 부촉하노니, 미래세에 하늘과 인간, 선남자, 선여인이 불법 가운데에 털 하나, 티끌 한 톨, 모래 한 알이나 물 한 방울

만큼의 작은 선근이라도 심는다면 그대가 도력으로 이 사람을 보호하여 점차 닦아서 위없는 경지에 나아가 물러남이 없도록 하라.

13-6 지장보살이여, 미래세에 하늘이나 인간이 업보에 따라 악도에 떨어지게 되어 그 악도의 문 앞에서 한 부처님, 한 보살의 명호나 대승경전의 한 구절, 한 게송만이라도 외우면 그대는 신력과 방편으로써 이 중생들을 구제하되 그들 앞에 끝없는 몸을 나타내어 지옥을 부수고 하늘에 나게 하여 **빼어난** 즐거움을 받도록 하라."

13-7 세존께서 다시 게송으로 말씀하셨다.

13-8 현재세와 미래세의 천신들과 인간들을
내가이제 그대에게 간절하게 부탁하니
대신통과 방편으로 제도하여 구하여서
모든나쁜 세상에는 떨어지지 않게하라.

13-9 그때 지장보살이 무릎 꿇고 합장하며 부처님께 말씀드렸다.

13-10 "세존이시여, 염려하지 마옵소서. 미래세에 선남자 선여인이 불법에 대해 한 생각의 공경심만 내어도 제가 백천 방편으로 이 사람을 제도하여 생사 가운데에서 속히 해탈을 얻게 하겠습니다. 하물며 모든 착한 일을 듣고 생각 생각에 닦아 나아가는 자는 자연히 위없는 최상의 도에서 길이 물러나지 않게 하겠습니다."

13-11 이 말씀을 하실 때 법회에 참석하였던 허공장보살이 부처님께 말씀드렸다.

13-12 "세존이시여, 제가 도리천에 이르러 여래께서 지장보살의 불가사의한 위신력을 찬탄하시는 것을 들었습니다. 미래세에 선남자 선여인과 모든 하늘과 용이 이 경전과 지장보살의 명호를 듣거나 상에 예배하면 몇 가지의 복과 이익을 얻는지요.

세존이시여, 현재와 미래의 모든 중생을 위하여 간략히 말씀하여 주옵소서."

13-13 부처님께서 말씀하셨다.

13-14 "내가 그대를 위하여 구분하여 말하니 새겨들으라.

미래세에 선남자 선여인이 지장보살의 형상을 보고 이 경전을 듣고 나아가서는 독송하고 향, 꽃, 음식, 의복, 보물 등으로 보시하여 공양을 올리며 찬탄하고 예배하면 스물여덟 가지의 이익을 얻느니라.

13-15 첫째, 천룡팔부 보살피고

둘째, 좋은일이 날로늘며

셋째, 성스러운 인연모여

넷째, 보리심은 굳건하고

다섯째, 옷과음식 풍족하며

여섯째, 질병들은 물러나고

일곱째, 수재화재 없어지며

여덟째, 도적액난 사라지고

아홉째, 사람마다 존경하네.

열   째, 선한신들 도와주고

열한째, 여자몸은 남자되며

열두째, 여자라면 귀한신분

열셋째, 어여쁘고 바른맵시

열넷째, 여러생을 천상가고

열다섯째, 제왕가에 태어나며

열여섯째, 숙명통을 얻게되고

열일곱째, 구하는바 모두이뤄

열여덟째, 권속들은 환희하고

열아홉째, 모든횡액 없어지며

스 물 째, 삼악도는 영멸하고

스물한째, 곳곳마다 길열리며

스물두째, 밤에꿈도 편안하고

스물셋째, 선망조상 악도벗고

스물넷째, 복을받아 태어나며

스물다섯째, 불보살님 찬탄하사

스물여섯째, 총명하고 지혜롭고

스물일곱째, 자비마음 넉넉하네.

스물여덟째, 필경에는 부처된다.

13-16 또한 허공장보살이여, 현재와 미래에 하늘, 용, 귀신이 지장보살의 명호를 듣고 지장보살상에 예배하며, 혹 지장보살의 본원에 대한 일을 듣고 수행하거나 찬탄하고 예배하면 일곱 가지의 이익을 얻느니라.

13-17 하나는 빨리성지(聖地) 도달하고

둘은 악업들은 소멸하고

셋은 모든불조(佛祖) 보우하사

넷은 보리심은 안물러나

다섯은 본원력은 날로늘고

여섯은 숙명통을 모두얻어

일곱은 필경성불 이루리라.

13-18 그때 시방에서 오신 말할 수 없이 많은 모든 부처님들과 대보살들과 천룡팔부가 석가모니 부처님께서 지장보살의 불가사의한 큰 위신력을

드날려 찬탄하시는 것을 듣고 일찍이 없던 일이라 찬탄하셨다.

13-19 이때 도리천에는 한량없는 향과 꽃, 하늘 옷, 보배 구슬이 비 오듯 내려 석가모니 부처님과 지장보살께 공양하였고 법회에 모인 모든 무리들이 다시금 예배하고는 합장하며 물러갔다.

– 끝 –

- **지장보살 정근**
  地藏菩薩 精勤

  나무 남방화주 대원본존 지장보살
  南無 南方化主 大願本尊 地藏菩薩

  지장보살 지장보살 지장보살…
  地藏菩薩 地藏菩薩 地藏菩薩…

- **지장보살 멸정업진언**
  地藏菩薩 滅定業眞言

  『옴 쁘라마르 다니 스와하』(세번)

  지장대성위신력 항하사겁설난진
  地藏大聖威神力 恒河沙劫說難盡

  견문첨례일념간 이익인천무량사
  見聞瞻禮一念間 利益人天無量事

  고아일심 귀명정례
  故我一心 歸命頂禮

· 회향게
廻向偈

원이차공덕 보급어일체
願以此功德 普及於一切

아등여중생 당생극락국
我等與衆生 當生極樂國

동견무량수 개공성불도
同見無量壽 皆共成佛道

지장왕보살본원공덕송
地藏王菩薩本願功德頌

계수지장왕 공덕묘난량 자심심유해 원력광무강
稽首地藏王 功德妙難量 慈心深逾海 願力廣無疆

석위광목녀 대효도친랑 공양과거불 각화자재왕
昔爲廣目女 大孝度親娘 供養過去佛 覺華自在王

감불공중현 고지모생방 승여효경력 출옥생천당
感佛空中現 告知母生方 承汝孝敬力 出獄生天堂

광목심환희 입발대원왕 원아진미래 고해작주항
廣目心歡喜 立發大願王 願我盡未來 苦海作舟航

중생실도진 아방증열반 지옥여미공 서불작법왕
衆生悉度盡 我方證涅槃 地獄如未空 誓不作法王

발대서원이 생생용력강 역겁수만행 신거상적광
發大誓願已 生生勇力强 歷劫修萬行 身居常寂光

분신천백억 진찰현지장 상재유명중 방편작교왕
分身千百億 塵刹現地藏 常在幽冥中 方便作教王

구도제중생　탈고생천당　불과실개원　각계좌도량
救度諸衆生　脫苦生天堂　佛果悉皆圓　各界坐道場

자현성문신　분신편시방　무량합일신　일신화무량
自現聲聞身　分身徧十方　無量合一身　一身化無量

불재도리천　금구찬지장　공덕묘난사　편계이명양
佛在忉利天　金口讚地藏　功德妙難思　徧界利冥陽

약유제중생　예념지장왕　소구개여의　수원공부당
若有諸衆生　禮念地藏王　所求皆如意　隨願功不唐

약유염여신　공소지장왕　후세득인신　구족장부상
若有厭女身　恭塑地藏王　後世得人身　具足丈夫相

약유잔결인　경각지장상　후세득인신　상호제원만
若有殘缺人　敬刻地藏像　後世得人身　相好諸圓滿

약욕구지혜　건조지장상　후세득인신　대지통삼장
若欲求智慧　虔造地藏像　後世得人身　大智通三藏

설욕구남녀　경사지장상　수의획남녀　용모실단장
設欲求男女　敬事地藏像　隨意獲男女　容貌悉端莊

약유질병자 신음구와상 건송지장명 신속득안강
若有疾病者 呻吟久臥床 虔誦地藏名 迅速得安康

혹인원가류 피포금옥방 건송지장명 해원득석방
或因怨家類 被捕禁獄房 虔誦地藏名 解冤得釋放

약인악업중 예배지장왕 건송지장명 소제제업장
若人惡業重 禮拜地藏王 虔誦地藏名 消除諸業障

약유효경인 발심도선망 건송지장경 멸죄생천당
若有孝敬人 發心度先亡 虔誦地藏經 滅罪生天堂

약각지장경 유통편시방 존망균첨리 획복구무량
若刻地藏經 流通徧十方 存亡均沾利 獲福具無量

아금제차송 공덕여호망 회향제유정 동생극락방
我今題此頌 功德如毫芒 回向諸有情 同生極樂邦

병청칭념 나모지장왕보살 소업장 증복혜
竝請稱念 南無地藏王菩薩 消業障 增福慧

불경인쇄 · 불상조성의 10대 이익

1. 과거에 지은 갖가지의 죄과가 가벼운 자는 곧바로 소멸되고, 무거운 자는 가볍게 된다.

2. 항상 선신의 보호를 받으며, 일체병고 · 수화재난 · 도둑 · 도병 · 관재구설의 재난을 받지 않는다.

3. 전생의 원결도 모두 알아서 법익을 얻으며, 해탈을 얻어 영원히 보복의 고통을 받지 않는다.

4. 악귀와 악마가 침범하지 못하며, 독사와 독충 등이 해치치 못한다.

5. 마음이 평안하여 낮에는 험악한 일이 소멸되고, 밤에는 악몽을 꾸지 않으며, 안색이 광택 나고, 기력이 충실하며 일마다 만사여의하다.

6. 지극한 마음으로 불법을 받들면, 비록 바라는 바가 없다 하더라도 자연히 의식이 풍족하여지며, 가정이 화목하며, 복덕과 수명이 늘어난다.

7. 말하는 것과 행동하는 것을 인천(人天)이 모두 기뻐하며, 어느 곳에 가더라도 항상 대중이 정성과 사랑으로 대하며, 공경하고 귀의하게 된다.

8. 어리석은 이는 지혜로워지고, 환자는 쾌차하며, 가난한 자는 복이 충만하게 된다.

9. 악도를 벗어나게 되고, 선도에 태어나고, 몸이 단정하고, 자질이 뛰어나고, 복록이 수승하다.

10. 일체중생을 위하여 갖가지 선근을 심을 수 있다. 중생심을 대복전으로 가꾸어 무량한 좋은 과보를 거두어 태어나는 곳마다 항상 불법을 보고 들어 문사수(聞思修) 삼혜가 널리 열리고, 육신통을 증득하여 속히 성불한다.

불경인쇄와 불상조성은 위와 같이 뛰어난 공덕이 있어 축수 · 축하 · 면난 · 기도 · 참회 · 소원 · 천도시에 모두 기쁘게 희사할지니 노력하고 행할지라.

– 인광대사 문초 중에서 –

念佛讀経

消宿業

☸ 소 원 표 ☸

☸ 소 원 표 ☸

❁ 소 원 표 ❁

❁ 소 원 표 ❁

✿ 소 원 표 ✿

소 원 표

지 장 경

인 쇄 일 • 불기2569년(서기 2025년) 10월 16일
발 행 일 • 불기2569년(서기 2025년) 10월 30일

펴낸이 • 안심법안
우리말 옮김 • 안심법안
펴낸곳 • 도서출판 안심
주 소 • 서울시 서초구 강남대로6길 18
대표전화 • 02-577-4557
이메일 • wfbansimsg@nate.com

편집·인쇄 • 아름원 02-2264-3334

15,000원

9 791187 741541
ISBN 979-11-87741-54-1